无形说服力

[德] 莫妮卡·玛奇妮希 (Monika Matschnig) 著

张林夕 译

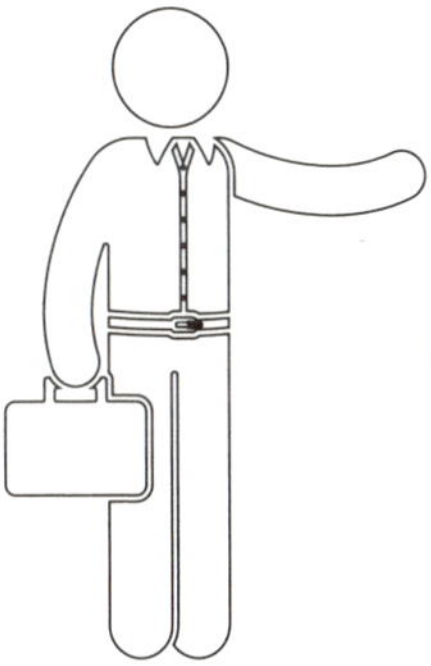

Körpersprache Macht Erfolg

用肢体语言打动人心

Wie Sie Andere Im Beruf Überzeugen Und Begeistern

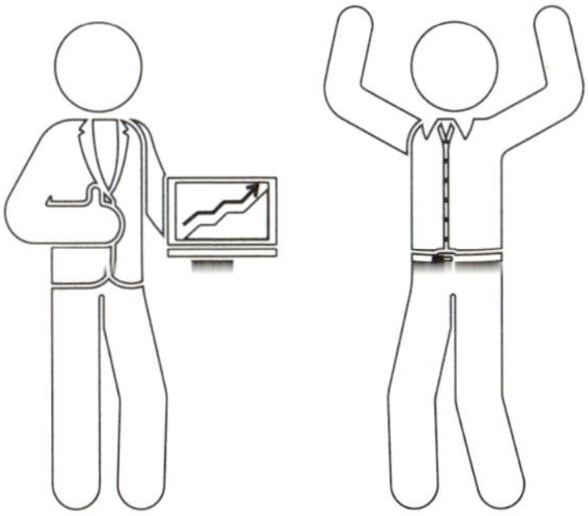

北京时代华文书局

图书在版编目（CIP）数据

无形说服力 ： 用肢体语言打动人心 / （德） 莫妮卡·玛奇妮希著 ； 张林夕译 . — 北京 ： 北京时代华文书局， 2022.4

ISBN 978-7-5699-4556-0

Ⅰ . ① 无… Ⅱ . ① 莫… ② 张… Ⅲ . ① 身势语一通俗读物 Ⅳ . ① H026.3-49

中国版本图书馆 CIP 数据核字（2022）第 033127 号

北京市版权局著作权合同登记号　图字：01-2019-5854 号

Published in its Original Edition with the title
Körpersprache. Macht. Erfolg: Wie Sie andere im Beruf überzeugen und begeistern
Author: Monika Matschnig
By GABAL Verlag GmbH.

The simplified Chinese translation rights arranged through Zonesbridge Agency.
Email: info@zonesbridge.com.

无形说服力：用肢体语言打动人心

WUXING SHUOFULI: YONG ZHITI YUYAN DADONG RENXIN

著　　者 | [德] 莫妮卡·玛奇妮希
译　　者 | 张林夕

出 版 人 | 陈　涛
责任编辑 | 余荣才
责任校对 | 薛　治
装帧设计 | 程　慧　赵芝英
责任印制 | 訾　敬

出版发行 | 北京时代华文书局 http://www.bjsdsj.com.cn
北京市东城区安定门外大街 138 号皇城国际大厦 A 座 8 楼
邮编：100011　电话：010-64267955　64267677
印　　刷 | 三河市嘉科万达彩色印刷有限公司　0316-3156777
（如发现印装质量问题，请与印刷厂联系调换）
开　　本 | 880mm×1230mm　1/32　印　　张 | 7.5　字　　数 | 175 千字
版　　次 | 2022 年 5 月第 1 版　印　　次 | 2022 年 5 月第 1 次印刷
书　　号 | ISBN 978-7-5699-4556-0
定　　价 | 52.00 元

序言

“感染力比专业技能更重要。”每当我在演讲中给出这个论点时，我的听众总会瞪大眼睛，面露疑色地看着我。大家最常问的是：“内容难道完全没有意义了吗？”我的回答很明确：“是的！”当然，我们所传递或表达的内容也很重要，在某些情况下可以说是至关重要的，但是表达的方法在其间发挥了难以忽视的作用。如果我们不能通过充分的表达来感染他人、用我们的肢体语言打动他人，或者对他人的肢体语言做出适当的反应，那么再好的内容也无济于事。为什么？因为如果表达得不好，我们就无法被看到、被听到，更不会被理解。换句话说，肢体语言比口头语言更重要，因为肢体语言可以跨越语言障碍，将人们紧紧相连，帮助人们判断他人是否值得信赖。

我研究有关肢体语言、感染力和表现力的课题已经有 20 个年头了，希望能够在本书中与你分享我的成果和经验，向你展示如何在不同情况下体现出自信，以及如何读懂他人的肢体语言。

上到面试中的挑战，下到同事之间的流言蜚语、明枪暗箭，本书的建议可以在当代职场的方方面面助你一臂之力。你将学习如何在演讲或报告中充分表现自己、表达思想，让人眼前一亮，以及如何在谈判和营销时选择最恰如其分的肢体语言。我们将一起观察成功的管理者都使用哪些肢体语言，又该如何在国际商业活动中树立良好形象。

然而，了解并不意味着会用。为此，本书为读者们提供了一些练习、实例、技巧和窍门，推荐一一尝试，多加练习。提高个人感染力是一项艰难但美妙的工作，只要稍稍用点心，马上就可以取得立竿见影的效果。请期待接下来的改变，将自己沉浸于迷人的肢体语言世界中吧。

我衷心希望你阅读本书是一种享受，并祝你在技巧实践中一切顺利。

目录

第 1 章　肢体语言的力量

第 2 章　面试中的肢体语言

第 3 章　同事间的肢体语言

第 4 章　演讲中的肢体语言

第 5 章　销售中的肢体语言

第 6 章　优秀管理者的肢体语言

第 7 章　国际交往中的肢体语言

第 1 章

肢体语言的力量

在商业活动中，基本上所有的事务都围绕着一个关键词：销售。无论销售的是服务、产品还是创意，有形的还是无形的，我们始终会说服对方一定不能错过我们所提供的服务、产品（或创意）。但是，如何能最有效地激发人们的消费欲望呢？面对潜在的客户，现今有两种主流策略：要么打感情牌，要么打务实牌，并做到有理有据。

而在这两个策略之外，还有另一个很有效的手段，即不再只拘泥于推销服务、产品（或创意），而是更上一层楼，先推销自己，推销自己的人格魅力，再顺势完成真正的销售。

那么，什么叫作“推销自己的人格魅力”呢？我们又该怎样做到这一点呢？自然，专业能力和专业知识是取得职场成功的重要前提。业务不精的人很难获得信任。但是，在竞争压力不断增大的社会，最重要的不是卖什么，而是怎么卖。或者，回到我们的话题上：重要的是卖家在销售服务、产品（或创意）的时候，如何推介产品和自己。用第一印象和自己的感染力来推销是最理想的。

每个人都有不同的肢体语言

我们每个人的肢体语言往往是靠本能发挥作用的，同时也是独一无二的。虽然每个人都使用相同的肢体语言“词汇”——暗示、手势或面部表情，但每个人都有不同的表达，最主要取决于表达者的角色，比如是否性格外向、身处何种文化圈。

当然，我们也可以优化肢体语言，比如矜持、害羞的人可以尝试让自己变得更活泼，习惯夸张肢体动作进行表达的人可以适当收敛。不过，有一点要时刻牢记：生搬硬套“他人”的肢体语言，并不能提升感染力，更无法提升人格魅力；唯一的后果就是看起来很虚伪，难以获得他人信任。重点是把新的行为动作内化，这也就意味着需要练习，练习，再练习。只有这样，我们才能看上去言行一致、内外合一；而后才能实现目标，攀登上事业的高峰。

肢体语言影响情绪

我们可以这样想：我们的思想和身体是一个不可分割的整体。我们的感觉会自动投射到肢体语言上，反过来这些非语言信号也会影响我们的思想和感受。

科学研究表明，弯腰、弓背的姿势会加深抑郁和沮丧情绪。在我们的文化背景中，点头带动积极情绪，摇头则产生消极情绪。因此，一种情绪或想法可以引起肢体语言的表达。而相反的是，一个姿势也可以触发相应情绪，或阻隔某种想法。我们当然可以刻意控制自己，假意做出一副样子。但是这会有用吗？

肢体语言测试

- 想象一下，你刚收到了一个悲伤的消息，垂头丧气地坐在那里，浑身无力，垂肩，低头，嘴角向下撇着。你会自然地感受到脖子上的压力，试着在这个姿势上想一些积极的事情，但这样做在提升积极心态上基本无济于事。
- 现在换一副面貌：站起身，挺胸抬头，直视前方，微笑，深呼吸；然后再想一些消极的事情，但这样做也不会让心态变得消极起来。
- 将眉毛尽可能抬高，眼睛使劲睁大。现在试着生气，或表现生气的样子。你大概会为自己徒劳无功的样子笑出声。相反，如果你皱紧眉毛，眯起眼睛，会发现更容易感受到“愤怒”或“生气”的情绪。
- 现在紧紧咬住牙齿，然后再想一些积极的事。几乎做不到，对吗？

这一机制是如何运作的呢？很简单。我们的身体会将某些感觉与特定的肢体信号联系起来。当我们活动相应的肌肉时，激素系统会被激活，这就保证了肢体表达将实实在在地影响我们的情绪。如果我们嘴角上扬、满面笑容，大脑就会判定我们很快乐，继而释放出快乐的激素。

情绪影响肢体语言

然而，我们不仅可以用肢体语言来带动情绪，反过来也是行得通的，只不过实施起来更有难度。我们的思想对肢体语言有很大的影响，进一步还会影响体态体貌。我们也应关注这个重要的机制，并将其运用到职场当中。顶级运动员会在比赛开始前就设想自己如何取得胜利，在心中完成目标，就是这个机制的绝妙示例。

在日常生活中也有很多例子：当我们稍稍调整一下心态，就会更加自信，自然而然地展现出更全面的能力，获得更多好感，也更有效地缓解了可能出现的紧张情绪。我们想展现某种情绪的关键就是必须真实感受到这种情绪。

你想给人留下亲和、真诚又称职的印象吗？那么，你首先要这样自我认同，剩下的事情就都水到渠成了。这意味着你需要全神贯注地扮演好自己，否则会显得心虚犹豫。心虚犹豫则一定不会成功。找到属于自己的肢体语言，包括暗示、手势和面部表情。它们应该是你个性的一部分，让你独一无二，与众不同。

身体自己会说话

我们可以控制自己的思想，也可以控制自己的体态。积极的想法对我们的肢体语言有相应的积极作用。我们应该尽可能地利用这种积极影响。那些精神上可与自己平和相处的人很好识别，他们总会保持挺直的姿势和开放、交互的眼神。另一方面，如果一个人正处于负面或悲伤的情绪中，则会弓背、视线向下。所以，多想象自己头顶正戴着皇冠吧！

调动适宜的肢体语言

视觉干扰在我们做决策时扮演着越来越重要的角色，对政坛人物的衡量就是其中一个例子。在过去，方针政策一直是评价一个候选人的决定性衡量标准。但这个标准在逐渐扩大：政治家既要有沟通技巧，又要会自我展示。大选候选人在公共电视台上辩论已经成为选举活动标准流程的一部分，对大选结果起着决定性的作用。

在市场经济中也可以看到类似的趋势。过去的企业家们行事都较为低调，而如今出现了越来越多的“模范企业家”，他们不断进入公众视野。手段还是同一个：为了达到预期的影响力，一定要做出令人印象深刻的宣传推广。

成功的核心

尽管我们处于全球化、职场去中心化和虚拟网络化的时代背景下，但一个人的感染力仍然取决于非常简单的一点：是否能够引起对方的共鸣。这个问题关乎潜意识中的本能，取决于个人的“外在”，而外在的80%都由肢体语言所体现。那么，肢体语言到底是什么呢？确切地说，就是不说话、非言语性的交流，通过有意识或无意识的动作来表达，如暗示、手势、面部表情和声音等。

通常，交流建立在事实和人际关系两个层面上。事实层面传达具体信息，基本上依赖口头表达，而人际关系层面则受感觉和情绪影响，主要是非言语性表达。这意味着，即使你没有说话，也仍然在与对方交流。你的眼睛、手、腿和体态会发出信号，表现出有兴趣或不在意、放松或紧张、开放或封闭、友好或敌视的状态。

大部分这类信息都是无意识发出的，也就是不加思考、并非刻意的。但是身体不会说谎。肢体要么会强化你的口头陈述，要么会一览无余地表现言行矛盾。因此，许多公司在面试时格外注意面试者的肢体语言，这也就不足为奇了。那些“美化”过自己履历和经历的申请者通常会被自己的手势、面部表情和体态出卖。面试官和公司给面试者提供的环境越轻松自在、越有安全感，面试者就越容易“暴露本性”。毕竟，很多身体信号只是因为肾上腺素水平升高而引起的。

为什么肢体语言比长篇大论更能揭示一个人的个性呢？很好解释。思想和肢体语言是不可分割的单元，二者相互影响。一个人的行为，可以让人读出其当下的情绪；一个人的人生经历，会塑造出其体态、手势和面部表情。身体映出灵魂，同时也是展现一个人内在的一张名片。

但这并不意味着要在职场取得成功，就必须时时控制自己的肢体语言。最重要的是表里如一。我们的行动应该佐证语言，在言、行两个层面传达相同的信息。如果一个人用拳头敲着桌子大声责骂自己，我们一定相信他是沮丧的。如果一个朋友说见到我们很高兴，那我们则会期待他是愉快的表情。而当一个小孩子因为失去了心爱的玩具而哭泣，我们一定立即相信他的悲伤是真实的。

有时，我们的肢体语言甚至可以完全取代话语。只需要想想两个最重要的动作：点头（表示赞成）、摇头（表示拒绝）。无须赘言，大家从很小的时候起就知道这是什么意思。

边说边做

当有人为我们提供帮助时，自然会体现出真诚的意愿。如果他双手叉腰站在我们面前，其消极的态度就不言而喻了。而当有人谈及很强烈的感受时，我们也会期待他有相应的举动。情绪上有波澜，身体上也会有起伏。当一个人话语传递的信息与肢体语言不同时，就会令人生疑。这种不一致性并不足以获得好感。

注意一致性

请避免出现身体信号和言语之间的差异。当我们在讲一些自己没有真正想过或感受到的东西时就会出现类似的矛盾。我们之所以会这样做，是因为想实现某个目标，或想避免一段不愉快的谈话。为了言行合一，即保持一致性，我们必须事先想好自己该如何表达，以及相关难点在哪里。只有做好充足的话语和肢体动作准备之后，才能在困难的情况下仍然提升好感度，展现出一致性。当肾上腺素水平过高时，我们的肢体语言可能会失控，上述这点就变得格外关键。为什么会失控？随着紧张情绪加重，我们往往倾向于回到原本的行为模式上。但，熟能生巧。

正确解读肢体语言

我先给大家讲一个小故事。一家全球领先的商旅管理企业为了继续在国际市场上大展宏图，计划与所有合作伙伴一起引入统一的软件系统。一位经理负责向全体加盟合作伙伴介绍新概念、计划的实施流程、后果和优点。这并非易事，因为这意味着公司管理手法也会同时改变。起初，一切都很顺利。经理自信满满，掌控全场。在他介绍完相关信息后，合作伙伴们都表现出了极大的兴趣，能看得出大家真诚地想提些问题。

但在演讲结束时，经理犯了一个严重的错误。他一边将双臂交叉在胸前一边说："我们马上会迎来一些重大变化。自然，也会有很多问题。我愿意接受大家的提问。"突然之间，气氛变得尴尬起来，现场沉默了，听众克制和不安的情绪更加明显。没有一个人提问。

为什么会这样？因为说话人的肢体语言与口头话语明显不一致，听众感到恼火。在这种情况下，双手交叉是最糟糕的非言语信号，因为它通常被视作"不感兴趣"或"拒绝"的标志。如果忽略特定语境，如该例子所描述的情形，在大多数情况下，这只是一种舒适的姿势而已。因而，为了能够真正有意义地解释肢体语言，必须考虑到诸多因素。

出错的第一印象

我们都倾向于根据第一印象来判断一个人。虽然这种直觉很少会大错特错，但绝不是永远都正确的。接下来，我们会了解到哪些最常见的误解、误读和误会会在解读肢体语言时产生谬误。

仓促的判断

双臂交叉意味着不感兴趣，摸鼻子代表在撒谎，食指对人则是在威胁，把胳膊藏在桌子下一定是缺乏安全感。类似上述种种肢体语言（行为）有很多，对它们的“翻译”或解读或许适用于大多数情况，但也不绝对。可能某个手势只是一个人的习惯动作，属于他所谓的“基准线”，即他的正常行为。

个人基准线

有一个例子就是，默克尔的经典姿势常常被媒体评论。默克尔经常摆出著名的“尖顶”手势（又被称为“默克尔钻石”），她把手指尖相抵，放在腹前。这个动作可以被解释为防御或集权的信号，但对默克尔本人来说有着截然不同的意义——那就是这个动作没有任何意义，纯粹是她的个人习惯，是她的个人基准线。在刚步入政坛的时候，她不知道应该把手放在哪里好。而在这个位置上，虽然很诡异，但她能获得对自己的手的掌控感。

每个人都是独一无二的，因此在初次见面的时候很难解读对方的个人肢体语言模式。我也有类似的经历。我曾在一家知名企业应聘培训销售代表的工作，与另外两位培训师一起进入最后一轮竞争，即每人自我介绍一下服务范围。企业负责人、人事经理和其助理都在场。我是最后一个上场的，但不是很顺利。其他应聘者都准备了完美的幻灯片（PPT）文稿，而我两手空空——这是一个非常糟糕的开始。更糟糕的是，负责人坐在椅子上，双手交叉胸前，几乎没怎么看我，既不点头也不笑，也没有其他表示。我讲完后，他只是说了句“谢谢”，而说这句话的时候他都没有看我。随后，我就离开了房间。

助理送我走到门口的时候，我在内心里已经放弃了这次应聘，但他对我说：“我的老板很兴奋。我觉得你一定会得到这份工作的。”我听了很生气，觉得他在说谎。然而事实证明，应聘结果被他言中了，人事经理第二天就给我打电话下了聘书。那我出现这种误解又是因为什么呢？因为我根本没有考虑到，也许负责人平时一贯的行为举止就很克制——这可能就是他的基准线。

生搬硬套

当我缺乏安全感时，我往往会一直微笑，身体会显得很紧张，还会不停地关注自己的手。但如果我在另一个人身上察觉到这些动作时，就会提醒自己，不能套用完全相同的方式去解读他人。有一次，我给客户做演讲，演讲完毕从台上下来时遇到一位先生，他一直盯着我看。我猜他想跟我说点什么。出于好奇，我直接上前询问他。他对我演讲的内容和趣味性大加赞赏，但接下来的一句话给我泼了盆冷水：“您简直就是安克·恩戈尔克（Anke Engelke）[1]的翻版。

[1] 安克·恩戈尔克，德国女演员，1965 年 12 月出生于加拿大魁北克省蒙特利尔市。

我特别喜欢她。”

难怪他会喜欢我的表现，他把对安克·恩戈尔克的印象直接转移到了我身上。如果我们把一个人的特征、外貌、声音或体态与其他印象良好的人或事物联系起来，那么对这个人的评价通常也是积极的，反之亦然。这个现象得到过反复证实，被称为“光环效应”。

缺少上下文

如果想正确解读肢体语言，我们必须时刻考虑语境问题，包括对方的动机、与听者的关系、场合、当天心情，以及过往接触历史，等等。

我来举一些相关的例子。比如你作为经理拥抱了一位员工，被其他同事看到了这个场景。大家或许就会认为你更偏爱这位员工，但你只是想给她点安慰，因为她的孩子住院了。抑或你正和同事在开会，突然伸起胳膊打了个哈欠。你的团队会怎么想？没错，大家会认为你觉得这些意见都很无聊，或认为会议对你来说不过是长篇大论而已。但没人知道，你刚经历了一次长途飞行，正在与时差做斗争。

如何规避错误

当得知我是肢体语言专家时，人们往往会突然僵住，不知道手该往哪里放，感到浑身不自在。他们可能以为我能注意到每一个细小的动作，眨眼间就“看穿”大家。但即便是肢体语言专家，我也不能百分之百地准确分析出一个人内心的想法。然而现实中，我们所有人都在持续地分析身边的人，无论是不是专家。只不过这个过程通常是在无意识中发生的，所以我们值得对自己的观察能力进行训练，提高判断准确性。步骤如下：

察觉个人习惯

现在我们已经知道，每个人都有自己的身体语言，也就是个人基准线。因此一定要先观察一个人日常的肢体动作及他的交际习惯。人在放松的时候最能表现出自我。我们与一个人接触的次数越多，就越容易确定他的基准线。想一想，如果身边的人哪里不对劲，行为偏离了他的基准线，我们就会马上不自觉地察觉到，哪怕只是非常细微的偏离。

仔细观察一下身边的员工、同事和朋友的举止，找到大家的行为基准线，将来就很容易感知到他们的行为异常。如果我们预先没有足够的时间，那就借一些无关紧要、不痛不痒的话题观察对方的举止。记住他的面部表情、姿势、手臂动作、站姿、坐姿和日常的肢体动作，以下是关注的重点：

- 面部表情是松弛还是紧张？
- 姿势是自信还是不安？
- 手势是放松还是紧张？
- 心情是好是坏？
- 是友好的还是敌对的？

如果在对话过程中对方行为偏离了基准线，我们就要提高警惕了。比如，对方一向习惯在说话时大幅度地加入手势，突然间却不再使用手势，可能意味着他越来越紧张。如果一个经常面无表情的人突然持续性地假笑，可能是恐惧的信号；包括说话速度突然变快、音调突然升高，也都可能是紧张的表现。不过，反常的行为也可能说明这个人正在思考重要的事情，或者正处于某段思考过程中。是啊，没有人会读心术。

对比普遍和个体信号

有些肢体语言“词汇”在所有人身上都是相似的，甚至是相同的。情绪是普遍的，甚至是国际通用的。比如，有人把上下嘴唇压紧，压到失了血色，那他一定是在生气或愤怒；有人用耸肩的方式来保护自己脆弱的脖颈，头部僵住，只有眼睛在动，可以判断此人正处于焦虑之中，或至少有害怕的情绪。

结合语境看信号

单一的信号不足以评估一个人，就像一句话的内容不能单靠一个词来确定一样。信号必须频繁出现，或者与其他信号同时出现。一个人偶尔把手放在嘴边，并不代表他在隐藏什么。如果一个人微微扬起眉毛，不断地与我们进行眼神交流，全身面对我们，面部表情显得很放松，这可以代表他很感兴趣；如果他不时点头并轻抚谈话对象，或者意欲触碰对方，则体现出了更大的兴趣。

如果我们在开会时注意到听众频繁看表或看门，总是坐在椅子边缘而非整个椅子上，上半身偏离椅子，脚尖朝门，这些信号也足够明显了。让他走吧，他要么没有兴趣，要么有什么急事。

异质性信号

有些人会表现出特殊的个体特征，也就是所谓的异质性信号。比如有人说话时总会五指分开，或耸肩，这都是个体的典型行为。

此外，由于社会和职业习惯、文化风俗、性别及受众期待不同，一个人在不同情境下的肢体语言也会有差异。身为高管的你在自家公司和别家公司的举止会有所不同。对同级别的同事和下属，也会有不同的说话方式。在咖啡厅聊天会比在会议室中更自然、身体更放松。

通过肢体语言发现真相

我们如何从非语言信号中识别出对方在撒谎或有所遮掩呢？很简单，恐惧、不安或紧张的情绪会于无意识中通过手势、面部表情和肢体动作表现出来，很难受控。越是身体远端的部位越明显，比如脚和手指，都是身体中离心脏最远的部位。也可以通过所谓的微表情，即面部的快速、轻微变化来感知对方发生了什么。比如人在撒谎时面部表情和姿势会出现扭曲，有时不过零点几秒。

很多人并没有看到这些小信号，但有一种直觉认为事情似乎不对劲。心理学家发现，当谈话对象言行不一的时候，我们对肢体语言的信赖度是言语的五倍。不过，不要妄下结论。我们在这里要再次强调，只有结合全身行为和整个语境观察，才能最大限度地得出可靠结论。

你知道“最诚实”的身体部位吗?

那就是脚！罪魁祸首就是我们的大脑边缘系统。大脑边缘系统使得我们距离大脑最远的身体部位最不受控。所以，如果我们想快速评估身边的人，就应该从最下面开始“扫描”，逐步向上。如果一个人在谈话过程中脚尖冲向对方则表示赞同，否则相反。

转瞬即逝的微表情

“我们用嘴巴撒谎，但说话的嘴已经暴露了真相。”弗里德里希·尼采（Friedrich Nietzsche）的这句话表明他已经认识到了所谓微表情的存在，并且其可以体现一个人的真情实感。不仅我们的脸会说真话，与我们谈话的对象也一样。我们有没有猜想过对方到底在想什么？他有没有在撒谎？如果对此有疑虑，请仔细观察他的面部表情。以下信号暗示了他在撒谎：

- 突如其来的情绪，出现时间过长或过晚；
- 毫无波澜的扑克脸；
- 与陈述相悖的微表情；
- 明显地控制；
- 用扔或擦东西的手势缓解尴尬。

不管是政治家、企业家，还是日常商业活动中的谈判对象，有了微表情的存在，每个人的脸就是一本打开的书。这些面部动作眨眼间就会出现，在125~150毫秒之间，不受大脑信号发射器的控制，但是想察觉到也不容易。只有极少数人能据此正确识别不同情绪，而对其他人来说，就需要练习，练习，再练习。

一种练习方式是看访谈节目，仔细观察嘉宾的反应。反复观看，在我们认为察觉到“可疑”的微表情时就暂停。或者自己模仿，找一些普遍的微表情，然后对着镜子模仿。这种自学可以激活面部肌肉，从而让大脑记住相应的情绪。如果之后我们感知到了他人类似的肌肉动作，大脑中的镜像神经元就能“召唤”出相应的情绪。

八种共有的面部表情

无论所处国家和文化如何，每个人一出生就有八种共有的面部表情。这些细小的、闪电般的动作大多出现在眼睛和嘴巴周围。它们是什么样的呢？请直视谈话对象的脸，提出一个有含金量的问题，并将注意力集中在一个假想的倒置三角形上，三个角分别是双眼和嘴巴。接下来，我们认识最重要的一些微表情：快乐、厌恶、轻蔑、恐惧、惊讶、悲伤、担忧和愤怒。

快乐

我们从小就知道，笑是因为快乐，因为看到了有趣的事或心情愉悦。快乐的脸庞松弛自然，眼周会有小皱纹，嘴张得很大，苹果肌会向上提。（第 19 页，图 1）

但是快乐也可以是装出来的，比如在一些特定情况下，所处环境需要我们感到幸福：我们故作轻松、充满活力，即使觉得某件事不好笑，仍然会大笑。你可能也曾在并不愉快的时候假装心情很好，或者为了配合一个不好笑的笑话而笑。真笑是为了表达快乐，假笑是为了假装快乐；还有一种不合时宜的笑，甚至会给他人带来伤害，那就是幸灾乐祸的笑。

厌恶

这种情绪很好识别，因为会调动大面积的面部微表情。人在表现厌恶时，上唇上扬、嘴角下拉。最明显的特征是皱鼻，皱纹越多，厌恶情绪越强烈。如果一个同事称赞别人的时候，我们观察到他面部表情中透出了一丝厌恶，那他很可能没有表达真情实感。（图 2）

轻蔑

轻蔑的表情一般表现在下半张脸、嘴的周围，一侧的嘴唇会向上拉。我们可以在访谈节目中观察到这些精彩的面部表情。嘉宾发表意见，而另一方只是轻蔑地把嘴唇向上拉，他可能心里想的是“你什么都不懂，我过得很好”。（图 3）

图 1

真正的快乐会从眼周的笑纹中透露出来，嘴角和脸颊都会向上扬。

图 2

厌恶的时候，嘴角向下拉。

图 3

一侧嘴角向上，则是轻蔑的表现。

恐惧

我们每个人都熟悉这种情绪，肯定也有过脸上写满了恐惧的时刻，不管是在看骇人的恐怖片，还是在亲身经历危险的时候。如果一个人感到恐惧，两道眉毛会扬起，同时眼睛瞪大，下眼睑绷紧，嘴唇向耳朵两侧方向拉紧。（图 4）

惊讶

双眉上扬但不紧绷，眼睛像生气一样睁得大大的，这是惊讶的表现。（图 5）此外，下巴也会移向下方。惊讶有正面的，也有负面的。对了，惊喜这种感觉多半情况下都是装出来的。当我们给爱人送了一份其期待已久的生日礼物，而爱人的惊喜表情持续超过了一秒钟时，恐怕我们制造惊喜的意图早就暴露了。

图 4

恐惧时，嘴唇拉成一条水平线，眼睛瞪大。

图 5

惊讶时，眼睛就会睁大。

悲伤

悲伤时，面部表情通常会失去张力、毫无生气。眉毛下沉，嘴角也微微下垂。此外，我们还常常感到悲伤之人的目光空洞，失去准心。（图 6）

担忧

如果一个人忧心忡忡，最明显的特征微表情就是额头上的横纹，微微扬起的眉毛也是担忧的证据。（图 7）比如，如果我们和谈话对象聊起生意上遇到的问题，发现他额头上出现了担忧的细纹，那他一定用心听了，并且不经意间表现出了同情。

图 6

面部肌肉整体下垂、目光空洞，这是典型的悲伤信号。

图 7

愁眉苦脸，额头中间有抬头纹，眉毛内侧上扬。

愤怒

图 8

眉间的皱纹加上紧闭的嘴巴，意味着愤怒。

愤怒往往是一种本能感受，这种情绪会自动激活“战斗或逃跑”机制。如果我们的老板或客户接到投诉之后，一脸怒气地找到我们并说出了那句迷人的话：“如果你能处理好这件事，我将感激不尽。”你最好迅速行动了。

当对方的眉毛低垂，眉间的皱纹变得明显，嘴唇因为紧咬而发白的时候，就可以辨别为生气或愤怒。（图 8）此外，对方的眼睛也会开始发亮，目光冷峻。如果对方一边说着“没关系”，一边像担心的表情一样，额头紧皱，眉毛上扬，则意味着他正在试图压制自己的愤怒。

瞳孔道出了许多

如果我们想知道他人是否欣赏自己或被自己吸引，看看他的眼睛往往就够了。爱慕之情总会被放大的瞳孔出卖。研究发现，瞳孔大小还受心理因素的影响。负责控制瞳孔大小的肌肉通过交感神经与大脑边缘系统间接相连。因此，瞳孔反应与光照强度无关。如果瞳孔放大，可能是感兴趣的表现，也可能是恐惧、兴奋或惊讶的表现，后者就是人们所说的“惊恐的眼神”。

如果人们对某一情况的判断是消极的、不知所措的或毫无兴趣的，相应的肌肉就会放松，瞳孔就会缩小。与此同时，眉毛也会皱紧。眯眼是不愉快的反应。快速的眼球运动是活跃或紧张的表现。而眼球移动缓慢，甚至一动不动，则可能是因为身处高压之下。一般来讲，眉毛上扬是感兴趣和积极情绪的特征。如果有人垂眼低眉，大概率是由于产生了消极情绪、紧张感或不安全感。

如何化解矛盾

不只是微表情可以揭露一个人的真实想法或感受。语言和肢体语言相结合更是识破真相的不二法门。事实上，语言信号和非语言信号是相辅相成的，要讲求言行一致。手臂动作、面部表情和声音（音调、节奏、停顿、韵律）应该和言语相对应。

比如，我们正在与一个重要的商业伙伴谈判，他说："你的报价完全符合我们的项目要求。"但同时我们又察觉到他脸上有些疑虑的表情，言行不一致、不适配。在这种情况下，我们应该格外提高警惕，需要特别注意如下的矛盾点。

言语前的神情

真实的情绪应该走在话语前面。想象一下，我们刚刚遇见一个潜在的客户，并向他问好，客户说："很高兴见到您。"说完这句话之后，他的脸上才出现了笑容。这种情况下，对方在撒谎的概率颇高。再或者，当银行顾问说服我们去投资时，我们想了解一下投资风险，就问对方："您能保证我不赔钱吗？"如果顾问马上进行"自我辩护"，然后才露出一副失望、遗憾的神情，则建议你需要谨慎，三思而行。显然，他对你的质疑早有准备。

白色谎言

“白色谎言”是指出于保护对方的目的，而说出的不伤害对方的善意谎言。可以说，这是一种社会性谎言。举个例子，商业合作伙伴之间经常用“很高兴见到你”来打招呼，同时保持着严肃的神情，这句话没有任何深意。又或者，某个团队老板想消除大家对市场不景气传言的恐惧，于是说：“我们做得很好。我们已经掌控了全局。”同时，他又微微摇头，将手掌竖直向前推。所谓的掌控似乎并不属实，但安抚了员工。

表达时的情绪波动

假设我们需要详谈某个问题，想在谈话过程中确认对方是否将所有细节都一五一十地坦白出来。在谈话中，请观察对方是否有强烈的情绪波动，是否在微笑之后突然变成面无表情，眼睛时而瞪大、时而眯着，额头和鼻子交替皱起，嘴唇咬紧又松开。如果是这样，确实应该怀疑对方的诚信度。因为研究表明，说谎者比讲真话的人情绪波动更强烈。有经验的骗子和一些公众人物都深知这点，因此会尽量控制自己的情绪。

过长或过分的情绪

人们在撒谎时也会刻意展现伪装动作。这些动作往往持续过长的时间，或与口头陈述不一致。当我们向一个商业伙伴提出报价时，如果他惊讶的表情有些夸张、持续的时间有些长，我们就可以确定：他已经事先了解我们的报价了。

不对称的紧绷

人们在表现真实感受时面部肌肉的紧绷状态是对称的。这意味着左右两侧脸会被同等程度地激活，或者上下两部分会共同变形。一个人在生气时会嘴唇咬紧，露出愤怒的样子。如果他只是额头动了一下，就不是真的生气。

比如，你在申请加薪时，发现上司只是嘴角和眉毛上扬了几秒钟。从这种体现讽刺的信号可间接推断出，虽然此刻他做出了考虑的样子，但实际上他不打算回应你的请求。

使用非语言信号

身体语言是最重要的，也是最诚实的说服工具。就像我们自己的姿势、手势和面部表情会不自觉地道出许多感受一样，他人的肢体语言也会传递出他们内心的重要信息。这对于我们是非常有利的，尤其是在毫无人情味可言的商业交往中。

举例来说，假如你的某位商业伙伴做了不切实际的许诺，观察一下语言和非语言信号之间的差异，一切就一目了然了。研究发现，虽然面部表情相对容易控制，但控制体态、手、腿和脚的动作就没那么简单了。所以，一些身体部位很容易出卖对方的谎言——或者是部分谎言。

三步法则

无论是经理、员工、商业伙伴、朋友还是同事，我们总想知道对方的真实想法。得益于人脑的一个特点，在边缘系统的影响下，很多肢体语言是无法控制的。这个系统会让我们对某些情况、经历和事件做出条件反射般的实时反应。比如当有人重重地摔门时，我们会自动做出反应：耸肩、短暂地闭上眼睛。试试看，是否能够控制住这种反应。结果是，一定做不到。

我们可以巧舌如簧，但无法控制无意识的身体语言泄露真相。这也是件好事，因为情绪和自然反应是互动的重要组成部分，也是了解谈话对象的优质信息来源。接下来的段落将告诉你，哪些举止暴露了对方的真实感受、想法或意图。不过在观察时请一定铭记一项法则：尊重！不要鲁莽，不要让对方感到不安！要让他人保持良好的心情，并且思考一下："我真的一定要知道真相吗？"

分析时请遵循三步法则：

（1）观察：熟记规律，评估肢体语言。

（2）处理：想一想自己观察到了什么？是在哪个时刻注意到这种反应的？当时正在讨论什么？对方的反应是因自己而起的吗？自己说了什么？做了什么？表露了什么？身体一直在"说话"。

（3）反应：认真考虑如何应对。是否有必要澄清可能的误会？或者需要其他手段维持对方的兴趣？自己了解对方真实的内心需求吗？如果不了解，干脆问问他。

不受控制的肢体动作

大多数人都相信真相最容易从一个人的脸上“读”出来。这话没错，但有局限性。每一个细微的情绪都会通过微表情和面部各种肌群最细小的收缩反映出来，我们从中的确可以发现一些结论。

然而，正如我们已经了解到的，这些细节发生在毫秒范围内，只有训练有素的人才能捕捉到。或许在远端部位（即离心脏最远的部位）反而更容易暴露一个人的情绪和意图。

逃离脚

当一个人感兴趣或认同时，脚尖和上半身都会朝向谈话对象。在商场、酒吧柜台和餐馆里都可以观察到这种现象。如果一个人在另一个人面前感到自在，脚尖会直接指向这个人；如果顾客对某一产品感兴趣，脚尖会指向这个产品。包括在调情的时候脚尖也是一个至关重要的指示信号。当某人失去兴趣的时候，就会把脚尖和上半身转向别处。（第 29 页图 9）有时在演讲结束后，演讲者想快速逃离尴尬的境地时，就会快速把脚尖指向出口。

指挥棒

几乎所有访谈节目里都会至少出现一次所谓的“指挥棒”。当嘉宾要重点强调一个论点时，他会有节奏地用力踩地板。同样的道理，当演讲者要强调一个观点时，他会用“指挥”一样的手势。

摇摇椅

站立时的晃身和端坐时的晃身截然不同。如果一个人在说话时晃身，把重心在前脚掌和脚心间来回移动，（图 10）则是自信满满或充满信念的表现。这种态度可以理解为“我很自信，我对自己的工作深信不疑，想更加吸引关注”。使用这种摇摇椅姿势的人大多觉得在人群中高人一等，想要展现实力和力量。为了把重心放在前脚掌上，很多肌肉群都会处于紧张状态。

图 9

当某人失去兴趣的时候，就会把脚尖和上半身转向别处，这时就出现了逃离脚。

图 10

演讲时，一个人来回晃动的次数频繁是自信的表现。

“刹车踏板”

“刹车踏板”和“指挥棒”一样典型。如果在谈判中某人抬脚亮出脚底，就代表想终止谈话。（图 11）如果遇到这个信号，我们就可以快速掉转方向：要么提供新的方案；要么给对方机会，让其先发泄一通。不过，对方若是只有脚尖在快速上下晃动，则更可能是紧张的迹象——他们可能棋慢一步了。

该走了

如果对方单手或双手扶膝盖，上半身前倾弯曲，我们就知道谈话对象已经不耐烦了。这是经典的逃离姿势。（图 12）如果他把一只脚或两只脚微微收到椅子下方，只坐椅子的边缘，那么，对话恐怕得结束了。

图 11

如果某人在谈判过程中露出脚底，表示他想停止这段对话。

图 12

当一个人想离开时，会采取逃离姿势。

硬汉造型

男性通常会采用更占据空间的站姿，这可以被视作一种支配性的姿势，意在表现权威。有趣的是，高层管理者几乎不再使用这种姿势。这种站姿，即两腿分开站立，骨盆稍稍前倾，下巴扬起，（图 13）毫无亲和力，会显得疏远、排斥他人。这种站姿，我们可以在人与人的竞争关系中看到，或在某人想有意识地强调自己的主导地位时看到。但这往往只掩盖了自己的不安。年轻的管理者尤其喜欢通过这个姿势来弥补自己的资历不足，但它只能在充满威胁的情境下显示力量。

图 13
高高的下巴和叉开的双腿显得有几分傲慢。

双腿交叉

双腿交叉常常使人联想到害羞或封闭，但事实恰恰相反，这通常是一个人感觉良好的标志。女性为了显得更有女人味，往往采用这种姿势。（图 14）双腿交叉时的方向是有指向性的：如果左腿向右方的对话者交叉，则是关注的表现。如果你注意到谈话对象在倾听的时候点头微笑，同时却不安分地跷腿上下晃动，那点头和微笑都只是出于礼貌而已，他实际上早想离开了。

图 14
交叉双腿显得很有女人味。

自我镇定

人在紧张时，身体会自动产生肾上腺素，变得更加紧绷。这是由边缘系统控制并自动触发的一种原始本能：战斗或逃跑。然而在一些情况下，我们既不能战斗，也不能逃跑，所以人类发展出了所谓的适应性反应来放松自己。越不自在，自我镇定的肢体语言就越可能出现，出现的频率也越高。有些信号是一眼便知的，有些信号则非常微妙。在这种情况下也要注意对方的个人基准线。以下信号是最具代表性的。

独特的呼吸

在人们对应激事件做出反应之前，会先在短时间内屏住呼吸、鼓起腮帮，而后再吐气。（图 15）观察一下政治家们应对记者不愉快的提问时是如何反应的，或者在谈判白热化的时候看看谈判对手都有哪些反应。也许你已经亲身体验过危险的场景，如一场有惊无险的车祸，或者一次硬着

图 15

鼓起腮帮，然后吐气：政治家常用此应对不愉快的提问。

陆的航行。有无数的例子表明，我们真的会在这些情境下感到喘不过气来。

缓解尴尬的“自我安抚”

当面对不愉快的事情时，我们倾向于做出一些动作来缓解尴尬，这些动作被称为自我安抚。因为这些动作是一种不自觉的触觉模拟，能让人感觉良好。其表达的形式有很多种，如触摸头部、抚摸面部和颈部、轻刮眉毛或眉毛上方（图 16）、扶住前额或太阳穴、触摸耳垂，或者频繁摸鼻子（图 17）。行为专家观察到，这些触摸可以透露一个人的心理状态。男性往往会抓住领带结，从而“更好地呼吸”，或者用手抚摸脖子；女性则倾向于摸锁骨或把弄项链（图 18）。

图 16

在不舒适的环境中，人会抚摸自己的头部或身体其他部位。

图 17

男性有时会因为尴尬而摸鼻子。

图 18

女性喜欢把弄自己的项链。

咽口水、打哈欠、舔嘴唇

当处于紧张的环境中时，我们经常会发现自己不自觉地口干舌燥。如果我们经常做演讲或报告，就会有这样的经历：经常会在突然之间迫切地需要喝水，否则连说话都有障碍。在我们紧张的时候，大脑中“战斗或逃跑”的本能程序就会自动启动，消化过程放慢，口腔中的唾液分泌也相应减少。如果口腔过于干燥，我们往往会增加咽口水的频率。明显的吞咽是应激反应的标志性信号，代表当事人正在试图镇静，男性因有喉结则显得格外明显。舔嘴唇也是同样的道理。（图 19）这两种行为都是你在试图改善口干舌燥的不适感。

有些人在压力过大的时候会剧烈地打哈欠，（图 20）因为在打哈欠时会顺势深呼吸，有助于平静和放松。我在讲课的过程中亲身

图 19
舔嘴唇以缓解口干舌燥。

图 20
巨大的哈欠有助于在压力过大时放松。

体会到了这种现象有多常见。有很多次客户都问我需不需要马上喝一杯双倍浓缩咖啡，因为我不断打哈欠，似乎看起来很疲劳。但事实上，我是精力过于集中，打哈欠只不过是一种自我放松的程序。

声音的游戏

我有一位女性朋友，她在紧张的时候会突然提高语速，说话快到没有“标点符号”。这是她消解过剩能量的方式，而这种现象在女性中尤为常见。还有一些人会通过哼唱歌曲或吹口哨让自己平静下来。虽然别人听着心烦意乱，但是他们自己会感觉良好。

在一次飞往柏林的航班上，我注意到旁边有个人眼神向上瞟，肩部紧绷，紧紧抓着扶手。很显然，他对飞机可没什么好感。在马上要起飞的时候，他又开始吹口哨了。同行的旅客纷纷投去不解和不屑的目光。我轻轻地扶了下他的小臂，然后和他聊起是不是害怕坐飞机。刚开始他惊讶极了，之后则感谢我问了他很多问题，帮他分散了注意力。

适宜的关注

为了可以识别肢体语言并给出相应反馈，你应该始终全神贯注地关注谈话对象。观察他的肢体动作，但不要把对方盯得“发毛”。这是每一次顺利沟通的基本原则。

特辑：社交媒体上的肢体语言

在网络世界中不变的真理是：网络不会忘记任何东西。因此，如何在互联网上，特别是社交媒体上展示自己、应该留下什么痕迹，则变得更加重要。问问自己：想留下多少信息？留下哪些信息？这些信息是否应该公开？

图像的力量

一张图胜过千言万语，尤其是在社交网络中，动静结合的视觉材料是如今主要的传播媒介。我们得想一想：有没有考虑过自己在照片或视频中是什么样子？有没有注意到自己的肢体语言？自己发布的照片可以体现自己的真实个性吗？是自己想表达的意思吗？展示出来的形象符合自己的预期吗？是否适得其反？因为社交媒体如今不仅占据了我们的私人生活，也侵入了我们的职业生活，所以在网络世界中精心考量自己的形象是绝对必要的。

互联网上的职业化

为了职场和个人社交，人们需要时常在网站上展示自己认真、称职、值得信赖的个人形象。毕竟，人们还是希望客户在网站上看到自己时可以有一个正面的印象。所以，对于过于私密的和涉及隐私的图片一定要妥善处理，比如上一次在海滩度假的电子相册。如果你仍想和亲密的朋友分享私人照片，建议使用分组功能，大多数网站社交平台上都有这个选项。

在发布图片或视频时，我们的肢体语言要正面、有吸引力。因为我们不仅代表自己，也代表着公司。但不要透露任何公司内部信息，因为众所周知，竞争对手也可以看到公众平台上的信息。

跳槽参加新工作

在准备接受新工作的过程中要格外注意。问问自己，在网站上搜索关于我的图片和视频之后别人会是怎样的观感？我的姿势、面部表情和手势是健康又自信的，还是颓废自弃、自大或自卑的？在合影中，我是否总挡在他人前面？我看起来是友好的还是让人不舒服的？另外，照片可以随时更换，掌控好自己的形象是件大好事！

直中要害：关于肢体语言最重要的十大秘诀

1. 表现得真实！用嘴说出来的话和用身体“说”出来的话必须吻合，否则很难让人信服。装出来的肢体语言是无效的！

2. 个人气场很重要！我们不能操纵自己的肢体语言，但可以掌控内在气场。所以如果你相信自己能干，就会自然呈现出这样的气场。

3. 微笑总能发挥作用！很多境况都可以用最简单的非言语信号，即真诚的微笑来应对。我们对别人越开放、越友好，别人就越有可能对我们敞开心扉。

4. 积极的姿态！积极的姿态和消极的姿态有时差别细微，却是决定性的。经验之谈：摊开手掌，手势从下往上做。不要做反了。

5. 抬头挺胸！这个小窍门屡试不爽。不用像站军姿一样僵硬，但挺拔、自信并且松弛的姿势能为自己赢得不少加分。

6. 眼神交流！像世界上大多数事情一样，不能太多，也不能太少，适宜最好，可以显得自信又有兴趣。

7. 自信的步伐！不弯腰驼背，也不来回踱步，这是走路最好的方式。自信而轻盈的步态可以散发干练的气息，获得好感。

8. 成为镜子！情绪相同会带来相似的肢体语言。所以我们可以谨慎地模仿对方，从而更容易达成共识。

9. 点头是个好习惯！表示赞同的手势也是。在别人说话时与对方面对面，轻轻点头，效果很好。

10. 永远不要忽略语境！肢体语言从来都不会独立存在，而是总与双方的处境、心情等因素相关。

第 2 章

面试中的肢体语言

恭喜！你的简历给人留下了很好的印象，用人单位认为你在专业技能上值得信赖，所以向你发出了一对一面试的邀请。这意味着你已经离目标又近了一大截，迄今为止都没有犯错。现在，你想顺利完成面试，获得工作机会。

一对一面试是应聘过程中最大的难关之一。尤其是当求职者想博得满堂喝彩时，往往是“万事开头难，然后结果难”。求职者通常既担心自己说多了，又担心自己说少了，往往因此与机会失之交臂，结果一团糟。因而，求职者应该锻炼自己的口头表达能力，不要紧张得说胡话。但要记住：“面试并不会对你的字字句句都打分。”

面试最终结果如何，更重要的往往是我们身体呈现出的肢体语言。无论在什么场合，肢体语言带给他人的印象，约占总体印象的 80%。原因就是，姿势、手势、面部表情和声调不但补充了有关一个人的更多信息，而且这些信息还更加真实。这就是为什么在面试之前了解一下如何感染他人是多么重要。当然了，还要学会提高自己的表现力。

充分准备：成功的前提

求职者面试时的主要意图是充分展示自己，展现出自己的能力，所以需要集中精力。如果求职者给自己和他人的感觉都是自信的、有说服力的，那么他所说的内容也会给别人留下深刻的印象。最关键的是，求职者要控制住自己的紧张情绪！这听起来容易，做起来却难。在熟悉的日常情境中，我们是能够完全放松、理性地面对事物的。然而，一旦突然处在一个陌生的环境中，我们的理性就会暂时“下线”。

此时，肢体语言更加重要。在手势或者面部表情上，紧张会更加明显，因为我们不能像脱衣服一样，突然之间彻底甩掉个人基准线。尽管如此，我们还是可以在一定程度上控制自己的非言语信号；同时会带来一个正向的副产物：如果肢体平静了下来，我们的内心也会跟着平静下来，而后无论是在语言或肢体上，都可以更加放松自然，积极地展示自己。

要获得训练成果，对自己身体的良好认知是最重要的前提。就像无意识的口误无法规避一样，如果我们对自己肢体语言的短板毫无知觉，就无法有所提升。

诚然，客观地观察自己、正确地认知自己绝非易事。所以，第一步就是要意识到自己的身体语言。这种意识可以帮助自己做出改变。一旦我们了解了自己的肢体语言，就可以进行具体的训练了。重点是自己练习出一套中立而放松的模式。

找到重心

找到自己的“平衡点”，可以为赢得好印象打下良好的基础，尤其是在类似求职面试的非常情况下。通过对身体更深入地感知，可以找到身体紧张和放松之间的平衡点，无论偏向哪一端都不是好事。心理上持续的高度紧张会直接反应在肢体上，导致四肢僵硬或紧绷。而如果过于放松，也就是说我们预期的结果是消极的，也会影响自己的心态。我们会显得迟钝、缺乏力量感和信念感。这两种情况都不可取。

为了更深入地感知身体，找到适当的身体张力，有两个简单的日常练习对我们有帮助。第一个练习可以帮自己快速找到身体重心：

◆ 摆出一个舒适但不随意的姿势。将重量均匀分布在两腿之间，双脚与臀部同宽，微微屈膝。

◆ 认真感知这个姿势。闭上眼睛，从内部观察自己。找到脚下扎根的感觉，并感受这种感觉。

◆ 体会身体各个部位的姿势和位置：骨盆、脊柱、肩膀、手和头部。再检查一下自己的姿势。只单纯地感受，不用评价。

◆ 有意识地、均匀平和地呼吸。现在从右向左（第 43 页图 21）、从前向后（第 43 页图 22）轻轻晃动，脚不要离开地面。试着去感受自己的重心。一旦找到了自己的重心，我们就可以用第二个练习继续提升自己——字面意义上的提升。

图 21

寻找重心：先直立，左右摆动。

图 22

再前后摆动。

◆ 两腿分开立正。有意识地吸气呼气，平静而均匀地呼吸。

◆ 现在让肩膀向下沉，让脖颈充分放松，想象自己的头部被一根无形的线竖直向上拉。

◆ 在肩部向地面沉的同时，身体一点点向上伸展。最重要的是放松，呼吸保持平静。

◆ 保持这个姿势片刻，深呼吸放松。感受一下：身体自然的紧绷感又回来了。这个练习是如何让自己的内在与外在同时提升的？

自信的站姿

两腿站稳，与肩同宽；头摆正，想象头上顶着皇冠；手臂下垂，双手握拳，大拇指朝前。如果这时将拇指向两侧旋转，举起手臂，可以感受到背部肌肉被自动激活、胸部挺起。习惯这种感觉，这样的站姿可以让自己显得轻松又自信。我们可以靠墙站立，让背部和头部贴住墙壁，检查自己是否站得笔直又自信。

熟能生巧

准备越不充分，不安感越强烈，在求职面试时更是如此；越没有安全感，就越没有说服力。所以，求职者应该提前考虑面试常见的情境，并勤加练习；可以提前预想到，在面试时会被问及简历中提及的工作中断的问题——要做到坚定且不假思索地应对这些问题。

面试中，十有八九会问到个人优缺点问题。求职者也可以好好准备一下，无论是内容还是肢体语言。为未来的谈话做好充分的思想准备，就可以在关键时刻占据更多主动权。利用“大脑电影院”可以一步步帮自己做好准备。

我们可以将“面试剧本”设想为以下几个场景：谈话如何进行、对方问什么问题、自己如何应对、双方的肢体语言是什么样的。

接下来：

◆ 列出自己想传达给对方的关键信息。

◆ 对着镜子练习自己将要表现的部分，而后进行自我评价。

◆ 有针对性地训练自己的非言语信号，直到找到最佳的坐姿、适宜的手势和放松的面部表情。

◆ 对比不同手势和面部表情的效果，体会一下肢体语言在这个重要场合中有什么意义。

◆ 向专业人士学习。仔细观察官员或演员的肢体语言，找出那些特别富有感染力、说服力和自信的动作。

◆ 如果觉得胸有成竹，我们可以在朋友面前练习。最重要的是了解对方对非言语信号的接收效果，以及他们收到了什么信息。

口齿清晰练习

音调和语气也会大大影响表达效果。两个简单的练习可以助自己拥有魅力光芒：读“施沃布 - 施乌布 - 施瓦布 - 施魏布 - 施外布”——这串词语有助于提高口齿清晰度；大声地念出来，并不断加快速度。为了激活嘴部肌肉，可以再叼住一个瓶塞，然后尽可能清晰有力地说话。

勤奋练习可以收获安全感。然而，要想吸收所学的技能和知识，除了积极性，休息也同样重要。面试前求职者最好给自己放一天假，帮助自己冷静下来、整理心情；再预想一次自己的目标，不要再学习新知识了；帮自己营造轻松的氛围，避免临场前最后一分钟的压力。当求职者把自己待办的事项都处理完毕，就坦荡地利用这一天来巩固自信，回顾一下自己都掌握了什么技能。

不要有任何负面的想法，积极、期待、愉悦地面对即将出现的各种情况。健身或锻炼可以帮助求职者分散注意力，让自己放松下来。在休息日，求职者要完成两件事：巩固自己收获的安全感（不要想着“我的练习还不充分”），不要只关注自己，摆脱这种视觉隧道；拓宽视野，同自己保持距离。

请记住，面试不是由细节定成败的，而是需要整体看待。这个思路对肢体语言来说尤为重要，因为如果想达到最佳效果，最基本的原则就是自然与真实。不要把注意力偏执地集中在某些手势或动作上，而是应该信任自己的肢体语言足够有说服力——我们已经充分练习过了。

自信的心态，自信的体态

在准备姿势、手势和表情时，尤其是为了体现真实感，有一点需要始终铭记——如果想改善外在表现，必须同时调整心理状态。否则就是自欺欺人，只会造成言语和非言语信号之间的矛盾。

当我们从内心出发，调整对某件事物的态度时，如说服自己面试并不可怕，自己的肢体语言也会自动改变。因此，一个逻辑性强的人在肢体语言上会显得克制冷静，而一个好奇心重的人会表现出活泼灵动。一个人若是充满热情，也能从肢体语言中透露出来。一个精力充沛且有掌控力的面试者，必定动作有力、举止大方。

把这个规律带到面试中，我们就能充满信心和期待地去参加面试。在心理上塑造自己想要的形象，就能顺利表现出一个正面的形象；要对工作和同事表现出真诚的兴趣，展现出自己的能力。

求职者只有相信自己、对工作充满渴望、在面试中坦然应对才能显得信心十足、得心应手，富有感染力的肢体语言也会随之出现。

细节成就风采

肢体语言由许多不同的部分组成，只有这些部分组合在一起才有意义。从体态开始，肢体语言从手势、表情到眼神中显现出来。这些都是可以给他人留下积极印象的有效工具。

第一印象：万事的起点

我们总会遇到以前从未见过面的人，也会结识新的朋友。这样的经历并不总有重大意义，但在面试时十分重要。基本上，没有人事先认识那位接待求职者并决定他是否被录用的最终“命运”的老板或人事经理，而对方也只了解求职者在简历中透露的内容。

两个完全陌生的人相遇，会发生什么呢？在这种情况下，求职者给人留下的第一印象将不可避免地产生直接影响。

为何如此？我们都有体会，当我们试图了解一个人的时候，会不自觉地做出对该人是否有好感或反感之类的固有判断。我们的大脑会在短短几秒钟内就凭借感官产生判断，留下第一印象：视觉方面，外貌、衣着、体态、手势和表情一目了然；声音方面，我们会立刻识别对方的语调和口音；而鼻子作为另一个重要的感觉器官也参与其中，有一句俗语叫“嗅不透的人”不是没有来由的。

所有这些印象都会在短短 4 秒钟内处理完毕，形成对对方的初步判断。正如人们常说的，最初的几秒是决定性的几秒——当然这有些夸大其词了。但能认人在第一眼就留下好印象终归是有利的。不过我们之间的谈话才刚刚开始，还有好几次机会可以给对方留下高情商、能力强的印象——这也要借助适宜的肢体语言。

步步为营

在见到实际谈话对象之前，一个短暂的预热期是不可忽视的。首先，求职者走进面试大楼时，接待员或助理就有机会进行考察。求职者的状态从这里开始就应该有说服力。

该如何做呢？放松、站直，记住口诀：抬头、挺胸、收腹。（图23）但是，不要像站军姿一样过分僵硬；带着微笑和坚定的步伐走进面试单位，走进面试的办公室；而缩肩、眼睛盯着地面则是缺乏自信的表现。（图24）

图23
站直之后会散发出自信的魅力。

图24
相反，缩肩、向下看显得没有自信。

成功的做法

“入场”之后则是下一个决定性阶段——问候。握手时所传递的信息比人们意识到的要更多。因此，求职者更需要遵循几条重要原则。根据克尼格（Knigge）男爵所说："永远等别人向你先伸出手。"这样意味着潜在雇主在欢迎他。假如这时候是你参加面试，你就应做到：

在你坐着等待时，如果人事经理来找你，你应及时起身。握手会大大影响谈话的下一步发展。这是你与对方的第一次身体接触。从问候的那一刻起，你就应该表现出坚定的目标性，但不能冷酷，也不能无聊。美国的一项研究发现，握手短而坚定的申请人比握手太弱或太强的申请人成功概率更大。如果你遵循以下原则，就可以达到最佳握手效果：

◆ 抓住对方的整只手。（图 25）接触面越大，问候越显得自信且友好。动作要流畅。过多的小动作会显得局促，甚至有威胁意味。如果手没有完全握紧，就会显得懒洋洋的。（图 26）手掌中留缝隙代表着："我还很谨慎，有所保留。"

◆ 与对方保持所谓的亲密距离。根据经验，两人间适当的距离是 50 厘米左右，伸出的前臂与后臂夹角呈 90° 。距离过小会引起不适，距离过大意味着："我还是想离你远点。"

图 25

正确的握手方式应是抓住对方整只手。

图 26

松散的握手方式会起到消极作用。

◆ 潮湿的手会使双方都不愉快。可以在裤子或夹克衫口袋里放一块手帕，在打招呼前悄悄地擦干双手。

◆ 正确的体态也是打招呼的重要因素。不要太过前倾，哪怕最轻微的弯腰都会让你显得卑躬屈膝。

◆ 无论何时都要避免“吻手礼”的姿势，即手腕弯曲、手指朝下的姿势。这样会让对方难以顺利地握住你的手。

握手是一张名片

握手有很强的表现力。握手时，能从中读出什么呢？

- ◆ 坚定的握手代表坚定、自信、果断的个性。
- ◆ 与人握手时绵软无力，手指没伸直，没有抓住对方的整只手，说明自己是一个不自信的人。
- ◆ 如果一个人握手时将对方的手紧紧包裹住，则表示他“对一切都很放得开”，拥有全身心投入的热情。
- ◆ 如果一个人握手时在手掌之间留有空隙，则表示他有所保留。
- ◆ 如果一个人握手时手很僵硬，则表示他想要保持距离。
- ◆ 如果一个人握手时用另一只手抓住对方的小臂，则表示他想占主导地位。
- ◆ 如果一个人握手时把另一只手盖在对方伸出的手上，则表示他非常欣赏对方。但是得小心了，因为这也是政客们经常玩的小把戏。
- ◆ 还有所谓的二手车商式握手，即双手同时握住对方手的两侧，请不要与上一种手势混淆。这种二手车商式握手会产生一种肤浅的假客套感，不合时宜。

保持自信

面试开始的几分钟最影响求职者留给人的第一印象。然而，通常在面试的正式话题还未开始之前，求职者最缺乏安全感。整个面试、谈话对象和周围环境都是未知的，人往往会手足无措。

但恰恰是这个过渡阶段的行为，说明了一个人的很多特性，通常会被面试官精准地记录下来。因此，求职者应在这几分钟内给人留下十分自信的印象，不要表现出过度的焦虑。身体紧绷抽动会被对方视为过度紧张、缺乏安全感，甚至能力不足。如果求职者双手紧握椅子扶手，还用腿夹住椅子腿，他的大脑就会感受到压力信号。缺乏自信的感觉只会螺旋式上升。因此建议大家关注自己身体上的不良信号，并有针对性地应对。

应避免的信号

不自信会通过体态、手势和面部表情显现出来。紧张会出卖求职者，更糟的是，求职者还会把紧张传染给对方。如果求职者能在面试开始的前几分钟规避紧张不安的表现，就能冷静下来，更加轻松地完成面试的其余部分。怯场也是常见的表现。这在面试官眼中是完全正常的，也是一种良好的兴奋剂。只要求职者没有过度紧张，没有带偏整个谈话就可以。

以下是缺乏自信的肢体语言呈现，求职者应当避免：

- 握手时向后缩；
- 上半身向后倾；
- 与对方距离太远；

◆ 不停触摸头部或颈部；

◆ 低头；

◆ 不安地抖腿；

◆ 将双腿缠绕在椅子腿上；

◆ 坐立不安，或身子从椅子上向下滑；

◆ 双手抱紧椅背或自己的身体；

◆ 不断推眼镜；

◆ 拨弄头发或首饰；

◆ 来回挥动手臂；

◆ 手藏在背后；

◆ 双手在胸前合十；

◆ 紧张地玩手指，或在桌子上打节奏；

◆ 十指交叉（图 27）；

◆ 耸肩，想保护自己的脆弱部位（图 28）。

图 27
十指交叉体现封闭。

图 28
紧张的人往往会耸肩。

表里如一：展现最好的自己

一旦求职者克服了问候这第一个障碍，完成了寒暄，面试的重点环节就开始了。求职者应以最好的方式推销自己，不仅要在语言上充分表达，也要注重如何表达。求职者的一切非言语动作都会被纳入整体评估中，人事方会以此来决定对求职者是好感还是反感。求职者可以影响这个第一印象评估，让他人对自己的肢体语言的认知与自己的自我认知尽可能一致。也就是说，求职者越懂得评估并使用肢体语言，就越能利用这个手段潜移默化地影响他人，从而在相当程度上控制其效果；只要保持口头陈述和肢体语言一致，就会非常有说服力。此外，求职者还可以有意识地用肢体语言来阐释自己的口头陈述。

真诚是王牌

求职者应该尽可能地让自己的表现连贯流畅。展现自己可爱的一面，主要利用本能的肢体语言来适应眼前的环境。真诚起着至关重要的作用，这不仅指在面试当中。用不具有的能力或技能来粉饰自己是无法取得进步的。如果求职者这样做，就不会显得真诚，就会失去所有已得到的好感。

添油加醋一般的肢体语言也很难获得好感。如果一个人在说每一句话时都抽搐着加上一个手势，看起来就会很怪异，而不是精干。其谈话对象会立刻看穿这样的“演技”。可以说，每一个肢体语言都是思想状态的外在体现。我们的手势和面部表情会跟随内心的状态。因此，面试的成功与否在相当程度上取决于求职者的心态——一个自信的态度。这会继续影响肢体语言。

情绪引导我们自己，也会引导他人，所以，个人的感觉也是表达的一个重要部分。充分利用一切可能，让情绪通过肢体语言表现出来。这比任何文字都有效！让眼睛说话，在脸上表现出对求职单位和工作的热情！当然，前提是自己真的拥有这样的热情。如果一个人对某项工作没有真正的兴趣，没有积极的态度，就无法表现出热情来。

面试官想知道的

想拥有流利的口头应对能力，求职者就应该对常见的问题做好准备。自己大声地回答问题，同时也要注意整体表现。

- 常见问题：为什么想应聘这份工作？对工作预期是什么样的？用人单位为什么要选择自己担任这个职位？自己的优势和劣势是什么？自己希望在五年或十年内实现什么目标？
- 关于职业生涯的问题：跳槽的频率怎样？为何跳槽？与上级和同事的关系如何？参加过哪些培训学习？从之前的工作中学到了什么？
- 关于工作态度与动机的问题：最看重什么？职业生涯中最大的成功是什么？能承受压力吗？——如果能，是怎么承受的？有团队精神吗？成功对自己来说意味着什么？

争分夺秒

俗话说："百闻不如一见。"这话没错。但这句俗话的含义在职场上经常被低估。成功的眼神交流可以在几秒钟内打破僵局，并对对话产生积极的影响。最重要的原则是，从一开始就与在场的人（尤其是未来的老板）进行眼神交流，很多事就不言而喻了。四目相对，你便发出了感兴趣、开放和主动的信号。只有这样才能让你的观点有说服力。想一想，一个从不正眼瞧人的人，可以用他的语言说服你吗？

在谈话过程中也要保持眼神接触。眼神不要飘忽。这很容易被认为是迟疑或走神。不断地把目光从对方身上移开，或在房间里四处乱看的人更容易失去求职机会。相反，不停断的目光接触代表着注意力高度集中。并且这样一来，求职者还可以掌控局面，因为他几乎不会错过对方的一举一动。

但如果面试时同时有好几个人在场，求职者又该如何应对呢？应该始终专注于最重要的那个人——老板或人力资源经理，并主要与他保持眼神交流。不时地扫视其他人，但不要让你的视线不停地地来回游走。如果谈话对象发生变化，自然要看向说话人。

注视对方几秒，长度在一念之间，可以建立存在感。但一念之间是多长？研究发现，达到 3 秒的目光接触会触动对方，而 4 秒以上可以增加好感。但求职者没有秒表。还有一招：试图看清对方瞳孔的颜色。这个时间刚刚好。

- 不要死盯着对方看。持续的目光接触往往招致反感，甚至被视作敌意。

小提示：在思考的时候，可以短暂地移开视线。

- 如果决策者开始说话，就朝他看。当自己说话时，中途可以有几次移开视线以整理新思路。
- 视线平高是有好处的，这样对谁都不需要抬头或低头。如有必要，可以相应调整自己的坐姿或站姿。
- 注意对方的示意眼神，以防错过对方的提问。
- 眼神不要在几位谈话对象间来回切换，这样会显得很忙碌。有意地只盯着一双眼睛，或者一个人的鼻梁，这样更好。

找到座位

面试通常都是坐着进行，这是针对肢体语言的又一个挑战。正确的坐姿是什么？在此之前首先要注意：在受到邀请后再坐下，或等对方坐下后再坐下。

正确的坐姿

要尽可能坐直，后背挺直，双脚踏在地上——即“接地气”，这就是最佳坐姿。（第 58 页图 29）求职者可以靠着靠背，但不能躺在椅子上，（第 58 页图 30）同时需要注意以下几点：

图 29

这就是自信的样子：背挺直，两脚稳稳地踏在地上。

图 30

躺在椅子上显得懒懒散散。

- 坐在整个椅子上，保持踏实稳定的姿势。
- 不时改变坐姿以缓解紧张情绪，不要一动不动。
- 上身向前倾，手腕放松地放在桌子上，表示自己感兴趣。
- 没有需要时，把手和手臂自然地放在腿上或椅子扶手上。

错误的坐姿

坐着的时候应表现出全神贯注和充满自信，所以不要：

- 双手握拳；
- 耷肩或歪背；
- 像刚被扫帚打了一样僵硬或痉挛；
- 十指交叉或双臂交叉；

◆ 双腿交叉（图 31）；

◆ 双腿叉开（男性也同样）（图 32）；

◆ 坐在椅子前缘，好像马上要起跳一样（图 33）；

◆ 在椅子上来回晃动。

获得更多好感

已经找到了良好的坐姿，并在谈话中也积极地注意眼神交流，现在求职者还欠缺手势和面部表情的熟练运用——同样也需要找到合适的度。手势太少，会显得古板或冷漠，但胡乱挥动手臂只会更显能力欠缺或不自信。

手势的活动半径也要适度。坐着的时候，手势要自动减小幅度，但同时手臂和手部动作的幅度也不能太小，否则自信会大打折扣。这个原则同样适用于面部表情。“冷酷”的表情一定不会得到好感，因为它表现出来的是冷漠和消极；但如果你像演戏一样龇牙咧嘴，则容易被当作笑话看。

图 31

交叉双腿表示不安。

图 32

叉开双腿看起来过于随意。

图 33

坐在椅子前缘，看起来像要起跳。

如何得分

要想优化肢体语言，有以下几条简单原则：

◆展示所谓的敏感区域，即面部、上半身、手心和手臂内侧。把这些部位朝向对方，就会收获对方的信任。相反，只给别人一个冷屁股一定不会得分。所谓的不敏感区域，除屁股外，还包括肩膀、后脑勺、手臂外侧和背部，一定不要将它们朝向对方。

◆一个原则是：腰部以上的手臂动作具有积极的效果（图 34），腰部以下的作用则较为消极。由于坐着对话时手势只会在上半身完成，所以要特别注意：只从下往上做动作，反之不可。避免做“扔掉”（图 35）或“拒绝”的手势，双手手心朝上，不要将手背朝上。

◆当自己想与对方建立更密切的联系，请保持最真实的状态，同时上身微微向前倾。

图 34
手臂应在上半身区域活动。

图 35
避免“扔掉”的动作。

◆少用“戏剧化”的手势动作。当然，面试时用手抚摸下巴是可以的，这会显得有想法又自信。但一般来说，不要用手去接触脸部，最好要有目的、有意识地做手势。

◆我们在日常生活中往往会忽视掉一些“威胁”的手势，如紧握拳头或伸出食指。这些都是绝对的禁忌。

◆避免把弄铅笔或其他类似的物件，更不要用铅笔对人指指点点。

在敏感问题上仍保持说服力

面试中很有可能出现敏感的话题或意外的情况。求职者的手势通常会不自觉地表现出压力或尴尬。比如摸耳垂（图 36）、紧张地拨弄手指、撩头发、抓后脑勺或摸鼻子，快速摘下眼镜也表明了某种程度的紧张。当问到一个不舒服的问题时，把手指放在嘴唇上或咬住下嘴唇（图 37），会让面试官觉得求职者在试图隐藏什么。

图 36

摸耳垂，让自己看起来很紧张。

图 37

听到让自己不舒服的问题后咬嘴唇，似乎想隐藏什么。

虽然求职者很难完全克制这种无意识的反应，但仍应尽量规避一切看起来可疑的手势。所以，面对微妙的问题，求职者要尽可能地保持冷静、自信，以免让人觉得求职者不可信。

给女性的额外提示

“小女生”式的动作不适宜出现在求职面试中。包括微微仰头、噘嘴、长时间扬起眉毛、不停地微笑或用手肘比画。这些动作绝不会让你看起来自信或干练。

脸会说话

从人的脸上可以读出很多东西。比如：人在惊讶时会张开嘴或挑起眉毛，在感到优越感的瞬间会不自觉地微抬下颌（图 38），在感到尴尬时会用手捂脸，而紧紧抿住嘴唇的人往往有所保留。

图 38

人在感到优越感时会微抬下颌。

面部表情是肢体语言中最难以控制的部分，而且意义重大：微表情对听者来说和语言同样重要。微表情能用非语言的方式表达我们对所听到的事物产生的兴趣。在面试时，求职者应积极利用这一点，用自己的面部表情对面试官的表达做出反应。不管有不有趣，也不管听过多少次，一张毫无生气的扑克脸肯定不能助你通过面试。

微笑创造奇迹

微笑总会有效果，前提是真实的、面带阳光的微笑，而不是生硬地上拉嘴角。友善且动情地笑时，眼睛也会跟着笑。（图 39）然而这并不意味着你应该用长时间痉挛式的笑容回应对方。（图 40）不要像戴了面具一样，而应该给人一种自然的感觉，显示出活力和热情。

图 39
笑得真诚时，眼睛也会笑。

图 40
长时间痉挛式的笑容看起来很不自然。

语调也并非无足轻重

语调的重要性总是被低估。请记住：深沉的嗓音更能表现干练。说话时尽可能不支支吾吾甚至口吃，而应冷静、清晰地吐字；不要哼哼唧唧，也不要自言自语。找好停顿点换气，并反思一下刚才所说的话。节奏和音调的平衡点是至关重要的。语速太慢、语调太平会枯燥无味，这与语速太快、语调太起伏一样没有好处。

电话中的语调和姿势

在面试之前往往会有电话面试。因为电话那头的决策者无法获得其他信息，所以求职者的语调就显得格外重要。求职者的姿势此时也起着重要作用，因为姿势对语调有着直接的影响。如果求职者一边打电话，一边窝在沙发上或忙其他的事情，对方会感受得到。所以，求职者得确保自己在打电话时有正确的体态并且全神贯注。微笑可以让自己的声音听起来更友好，应答时请使用更低沉的声音；记住：永远要让对方先把话说完！

保持控制

不要忘记，每一次释放的肢体语言都是思想状态的外在体现。面试正在如火如荼地进行着，求职者已置身于内容讨论和问题解答上，但很容易发现自己不自觉地忽略了控制肢体语言。因此，要利用面试中比较温和的时段，比如对方介绍公司情况时，求职者可留意一下自己的姿势、手势和面部表情，并适时加以纠正。

可以按照以下事项检查自己：

- 是否保持了积极的眼神交流？
- 坐姿是否端正，姿态是否适宜？

◆ 语调合适吗?

◆ 面部表情是否轻松友好?

◆ 手势合适吗?

◆ 呼吸是否平稳?

还有疑问?

面试多是由老板或人事经理主持的，其间少不了的是双方的对话、交流。求职者要做的不仅是回答，还包括适时提问，以示自己对所求岗位和公司的兴趣，突出自己的意愿。但提问时不宜使用反问句。当问到一时回答不了的问题时，花点时间想一想，这也是自信的表现。只有肚子里有货的人，才可以调用自己的知识——但调用前也应该考虑一下。如果求职者老老实实承认自己不知道，也没有人会责怪他。

善始善终

请一直提醒自己：自己表达出的内容永远比说的内容多得多。为了给人留下稳定的正面印象，求职者应该控制肢体语言，直到面试的最后一刻。即使面试未能如愿，也要保持友善和热情。毕竟，不说“再见”就没有结束。

着装规范

在面试时，着装也起了一定的作用，因为衣服的款式和颜色有很大的视觉影像效果。对着装的选择应该是有意义的，要体现尊重和严肃。选择与工作岗位相匹配的服装，能显示出面试者对本行业规范的熟悉，有着良好的品位和时尚感。比如，应聘银行职位时，没穿西装、打领带往往是不行的；而应聘零售业职位时，穿休闲时尚的服装则是主流。

不要伪装，不要配饰，不要借这些东西吸引眼球，这只会让你直接跳离应聘队伍。最重要的是舒适。衣服应给自己信心，因为这是自己的外观，也是肢体语言的背景。女士绝不能穿太短的裙子、厚底的鞋子或太高的高跟鞋、印花T恤或运动衫，以及佩戴奢侈的珠宝。男士不宜打鲜艳的领带、穿白色网球袜或运动鞋。还有一条原则男女都适用：少喷香水。

接近梦想的工作

在谋取新工作时，成功的关键不仅在于自己说了什么，还在于自己怎么说、如何表现自己——这往往更重要。肢体语言有积极的也有消极的。请再回顾一下重要的建议和禁忌：

◆ 用眼神和表情对对方的话做出反应，表现自己有兴趣倾听且能有良好的互动。

◆ 上身微微前倾，向说话人靠拢，表示一种认同。

◆ 全神贯注，展示热情，不时点头或使用积极的手势。

◆ 适时地微笑，让自己和氛围都变得更轻松。

◆ 用声音体现自信。语调要有活力、有力度，既不能太大声，也不能太温软。

◆ 不要羞涩地低头或盯着墙。这样难以与对方建立联结，也会给人不自信的印象。

◆ 斜靠在椅子上或紧握扶手会显得不自信、散漫或畏惧新事物。

◆ 坐在椅子边缘，会让自己看起来想逃离现场；不过，坐在椅子上太深会让自己看起来过分懒散，也无法展示自己的专业性。

◆ 斜靠在桌子上就显得过于放松了。

◆ 双手或双臂在体前交叉，代表防御、自我保护、封闭或不安。

◆ 即使自己觉得对方说的是无稽之谈，也不要皱眉。

◆ 再紧张也不要揉搓脖颈或后脑勺。手在头上的动作总会有负面暗示。

◆ 不要摸鼻子。这不仅看起来不美观，还会被人质疑是否在撒谎。

◆ 不要忘记保持正常呼吸。

◆ 女性释放暧昧信号或依赖小女生计谋（如睁大眼睛、歪头、噘嘴、不断微笑）都是不专业的表现，也是绝对的禁忌。

◆ 男性要避免典型的硬汉姿势，如叉腿坐或吹嘘自己，除非对方希望自己看起来很傻。

特辑：应聘简历和社交媒体上的完美照片

求职者不仅应在面试过程中完美展现自己，还应在书面简历中做自我介绍，一般还要附上证件照。事实证明，糟糕的照片会降低求职成功率。根据北莱茵－威斯特法伦州职业中心的一项研究，有近一半的求职者在初审时就因照片的原因被淘汰。因此，关于证件照，求职者应该牢记几个注意事项。

委托专业人士

自助照相亭拍的照片可以用于图书馆阅读卡、火车月票或者健身房会员卡，但绝不能用于简历。在这件事上，求职者应该相信专业照相馆的本事。专业照相馆通过不同的光线设置、造型，以及最重要的后期编辑可以给出完美的效果，避免求职者在第一轮就被淘汰。一个好的摄影师还会拍出富有个性的照片。

造型设计

合适的造型也是拍照的重点。想在证件照上通过奇装异服吸引眼球，或有异于常人的想法，都要尽快摒弃。毕竟求职者想推荐的不是衣服，而是自己这个人。如果拿不定主意，就穿得保守一点，穿自己习惯的经典商务套装。如果自己还不放心，就向造型师寻求建议。这种投资其实比自己想象的价格更便宜，而且肯定会有回报。

发型

一般来说，发型看上去要有精神。不必非要去理发店，除非发梢有明显的分叉或磨损。如果要染发，请仔细打理发际线部分。此外，头发不宜过多地遮住脸部，因为求职者应展现出开放的心态。不论是哪种发型，都应该体现个性。

最好看的一面

每个人确实都拥有更好看的一面。最好在拍照前就找到自己的优势面。在镜子前或朋友前试着找到自己感觉良好的理想姿势。要记住，如果连自己都不欣赏，就更难取悦他人。传统的半身像最多照到胸部，且只需眼睛看向镜头，但如今这已经不是唯一的选择。站姿或坐姿都可以，只要看起来专业、严肃即可。

笑一笑

证件照上最重要的是面部表情，而你的姿势是静态的，因此是次要的。主要关注面部表情是否友好。一定要有真诚的微笑和坦荡的眼神，不要瞪着眼睛。求职者可以提前在家里练习以取得理想的面部表情。对着镜子里的自己微笑，找到自己最喜欢的表情，然后好好记住呈现这种表情时的感觉。

归结：关于面试，最重要的十大秘诀

1. 第一印象很重要！在拍证件照时就要注意肢体语言。第一次与对方接触不一定是面对面的。求职者的申请材料也应该做到在视觉上加分。

2. 精心打扮！服装有很多含义，因此要选择适宜的造型。

3. 不要怯场！轻微紧张是好事，但过度紧张会适得其反。了解如何才能最好地控制自己的紧张情绪。

4. 进门开始就有无限可能！让自己以最佳状态入局，自信、友好、开放。

5. 手的动作不要像在打手球！没什么比不安分的手更能透露紧张了。在重要的会议前控制一下自己的手。理想状态是将手静静地放在腿上，必要时有意识地加入一些开放性手势。

6. 稳稳坐着！不仅手势要平和，整个身子都要保持平和。也就是说不要在椅子上坐立不安，也不要紧张地抖腿。

7. 永远显露出感兴趣！雇主总希望被人认同。头轻轻偏向一侧，用微微点头和眼神交流来表示兴趣。

8. 说话连贯！声音也能直接暴露紧张。语音、语调和语速都要悦耳自然。

9. 不要呈现扑克脸！你的脸要会说话，但不要让紧张、愤怒、沮丧的情绪占据，要保持自信。

10. 练习，练习，再练习！和考试一样，为面试取得成功，练习是必要的，请提前准备每个细节。不妨和朋友一起模拟面试问题，练习自己的肢体语言。越有把握，面试效果就越好。

第3章

同事间的肢体语言

我们和同事在一起的时间往往比其他人都多。如果我们不能在办公室中进行良好的沟通，甚至大家彼此间没有沟通意愿，事情就不会顺利进行。在谈到同事的情绪时，我们大都是非常敏感的。比如，今天早上，同事为什么不跟我打招呼，而是在我面前低着头匆匆走过？为什么原本开朗的员工，在我和他讲话时对我置之不理？为什么今天我要连续追问才能获得信息，而以前从不是这样的？我们还可以回想起一些情形。对此，不妨问问自己：为什么我们在职场中如此敏感？

答案非常简单。公司这个小世界是我们生活中极其重要的一部分，我们通常在这里度过一天之中一半以上的时间。这里有自己的人际交往和行事规则，而且容易失去平衡。比如，在办公室中如果沟通不顺畅，就会导致团队中产生误解，引发不和谐的局面，从而影响大家的积极性和业绩。

良好的沟通可以形成积极的互动，促进顺利交流。真诚开朗的态度可以在工作中鼓舞人心；而阴郁苛刻的态度会适得其反，会让我们每天拖着身子如同在煎熬，总觉得下班的时间非常漫长。

平级交流

同事之间良好的语言和非语言沟通尤为重要，因为工作时情绪和分歧在有限的空间（办公室）内会快速传染。一个身心过于紧绷、感到压力大或脾气不好的同事，会让烦躁的气氛在整个部门，甚至整个公司蔓延开来。

问题在于，我们与某个人相处的时间越长，对环境越熟悉，就越容易释放天性。如果遇到对方施加大的压力，和谐、尊重的融洽关系往往就难以维系。为了能在这种情况下正确地引导自己，并与同事进行更好的沟通，首先应保持中立的态度。当然，这并非易事。

愉快的合作

无论在职场上还是在生活中，我们每天都会面对同一件事——与他人打交道；都有好日子和坏日子，都会经历快乐，也会经历悲伤。公司是一个特殊的社会结构，不仅是不同个体的集合，个体之间还有不同的职业角色和等级。在职场上，我们要协调好两方面的关系：私人关系和业务关系。这两层关系相互交织，不可分割。即使我们完全不谈自己的家庭、朋友、业余生活或生活习惯，我们的同事也总会注意到我们自身私生活的蛛丝马迹。这些同样是肢体语言透露出来的。

交织的职场生活与个人生活

或许我们都已拥有妻子或丈夫的身份。这个身份绑定了不可推卸的责任和义务，我们可能需要引导他人。我们在家里扮演的勤俭持家的丈夫、善解人意的女儿、智慧的母亲、最好的朋友或亲和的运动伙伴等角色，其实都是我们应该担起的基本责任或应尽的义务。

但当我们进入职场，是否真的会脱下个人生活中的“服装”呢？我们会因为穿了西装、打了领带就突然变了一个人吗？反过来，在我们下班之后换上休闲裤、穿着舒适的毛线袜窝在沙发上时，工作上的事会被扔到洗衣篮里还是衣架上？不，我们不会百分之百脱离这些不同的角色，何况这样的角色对职场和家庭都有利。所以，休息时的天堂鸟不可能在上班时变成灰老鼠，工作中胆怯的“墙头草”也不会在下班后变成社交达人。

稳定的肢体语言

当然，我们在职场上会有不同的一面，因为我们对工作有着不同的期望，必须更加理性、清醒地行事。尽管如此，无论我们坐在办公椅上，还是坐在沙发上，都能让他人一眼看出坐在两者上的是同一个人。我们能被人识别出来，其中少不了的是肢体语言的因素。毕竟我们的面部表情、手势和体态就像可视化的 DNA（脱氧核糖核酸）标记，肢体语言在任何时候都可以作为身份识别的标记。

这些知识是提升各级员工沟通效果的最重要的前提。它能帮助我们更好地了解身边的同事，与他们有共同话题，还能帮助我们成为团队的一员，并在社会上找到自己的位置。还有一种做法就是：彻底伪装自己，不暴露任何信息，或者强硬地把同事们都拒之门外，不过问他们的生活。但这种做法不可取，也不会为顺利合作、和谐沟通打好基础。

经典中的智慧

歌德（Goethe）在《威廉·迈斯特的学习时代》中写道："如果我们以一个人现有的样子对待他，只会把他变得更糟。如果我们以一个人应有的样子对待他，则会将他塑造成应有的样子。"这个道理放到今天也同样适用。

找到自己在办公室一席之地的秘诀

与他人沟通顺畅的秘诀是什么？如果我们想在职场上如鱼得水，首先要找到自己的角色。奥地利作家雨果·冯·霍夫曼斯塔尔（Hugo von Hofmannsthal）在20世纪初所说的话，在今天比以往任何时候都更有道理："真的有态度和假装有态度永远都是两回事。"如果一个人给别人留下刻意做作的印象，那么无论在何种环境中，这个人都是有问题的——在不可避免的有亲密关系的同事面前更是如此。

坦率是被人喜爱的最好品性之一。扪心自问一下，我们要如何表现？我们想扮演何种角色？更重要的是，这些角色适合我们吗？如果我们的外在、内在和言行都一致，很自然，我们就能够赢得信赖、获得好感。这在团队合作中是巨大的优点。

好感度

请想一下，在我们的同事中，谁可以用“讨人喜爱”来形容？这个人哪里很特别？为什么大家都觉得他是个讨人喜爱的人？也许是他看我们时的那个热情的眼神，或者是他向我们挥舞的那只手；也许他是一个耐心的倾听者，在听我们说话时曾频频点头；抑或他在我们遇到困难时，会温和地拍拍我们的肩膀。

请再想一下，在我们同事中，谁让人感到不愉快？谁让我们的身上不自觉地起鸡皮疙瘩？如果我们一想到这个同事，就向一旁转身子，这样的表现应是再正常不过了。因为当我们想到一个让自己感到不愉快的人时，身体会有反应，本能地想与他拉开距离。这个存在问题的同事，是否在谈话时不断且放肆地打哈欠？是否当我们试图向他解释什么的时候，他总会望向窗外或盯着手表？是否他会跷起二郎腿，转过上半身，让人产生距离感？

根据这样的回顾，我们对每个同事都会有不同的好感度，并会对其分出高下。我们觉得，与一些人工作起来很愉快，与另一些人则不那么愉快。这种看法通常也影响着我们对同事的态度：对一些人就是比其他人更好。事实上，这是一种只会给自己带来后遗症的无意识行为，终究我们还要和同事共同努力，有时还要依赖那些自己不喜欢的同事。

所以，接下来就只能改变自己的态度了，改变我们对待他人的方式。这个策略往往会带来惊人的效果。更积极地对待他人，会带来相应的收益；对方对待我们的方式也会发生变化，有矛盾时易达成和解。由此，我们对他人的看法和观点会适应“新的”关系，一切向好。当我们战胜自己，哪怕只是“刻意”示好也会收获颇丰。

尽管大家都希望一切顺利，但在团队工作过程中总会遇到困难。这是非常正常的。压力、截止日期、某位同事在项目中长期缺席或私生活中的绊脚石都会快速影响我们的心态。正因如此，正确的相处方式才格外重要：当冲突无法避免时，可以帮助我们更快应对冲突、解决冲突。比如，在紧张的局势前我们可以主动微笑，这能帮自己短暂平静下来，甚至彻底平静下来，而且这种情绪总会相互感染。

合作时的金科玉律

一条万能原则：与同事打交道时，技巧和尊重永远是重中之重。

◆ 尊重对方的“领地”。（图41）这不仅适用于职场，也适用于其他场合。具体来说就是，不要和任何人接触得太近，否则对方会产生敌意或因感到压抑而后退。

◆ 与对方保持一臂距离，站立时让自己的视线与对方的身体呈90° 夹角，以加大亲密度。

◆ 在紧张的气氛中，尽量客观冷静地表达自己的观点。

◆ 无论做什么，都要表现出团

图 41

尊重对方一臂长的“领地”空间。

队意识，不要试图单打独斗。

◆ 可以用肢体语言来强调团队精神。开放的姿态、邀请的手势和友好的面部表情都可以表示，自己已准备好以结果为导向与大家一起讨论工作进程。

◆ 同事发言时要专心致志地听，不时点头以示兴趣。

◆ 跟上思路，但不挑剔、不炫耀。保持放松，坦然听取所有建议和观点。提问时面带微笑，并且手掌向上摊开。

免起冲突

办公室的冲突往往由误解或上下级关系的变化引起。比如，你正坐在桌前专心致志地工作，同事冲进你的办公室，一声不吭地将文件放在桌子上，然后风风火火地走了。这时，你往往需要极强的包容力，才能认为他的态度算得上良好。但在第二天，这位同事同昨天有了判若两人的表现。他亲切地问候你，与你闲聊天气，还解释了昨天为何送给你这些文件。

出现这种情况的原因很多。也许这位同事那天因为私人原因或压力导致心情不好；也许你之前无意中在言行上伤到了他；也许是你的一句话、一个手势，让他觉得你骄傲自大。

正如我们的肢体语言会被误解一样，我们也会误解他人。因此要谨慎小心地分析所接收到的信号。换句话说，在批判他人的行为之前，先多问问自己。事实往往和我们所想的根本没有关系。

另一个在办公室里常有的情形是：你正坐在办公桌前，一位同事走进来站在你桌前，你必须仰视才能与他对话。这时，你当即产生了被压迫感和被贬低感——站着的人主导了局面。如果对方还撑在你的桌上，甚至俯身向前，你会产生更大的压迫感。如果对方还走到你身后，甚至对着你的电脑屏幕指指点点，你的感觉瞬间又不一样了。现在他不仅让你产生压迫感，还令人生厌。在这种情况下你该怎么办呢？

平等交流

在团队中，大家应该相互合作，平等交流。这意味着我们应顺其自然地遵守这个规则，不在肢体上显示权力，不做引起冲突的始作俑者，也不做帮凶。因为冲突往往是由人为原因引发的。

把平等交流作为自己的信条，并通过肢体语言来弥补等级上的细微差别：

◆ 如果想和坐着的同事说话，自己也要坐下来，千万不要站着。

◆ 如果自己坐着，而对方站着，就应该站起来，像对方一样。

◆ 通过友善的表情、真诚的微笑、积极的眼神和态度向对方表现自己的兴趣和认同，以加强团队凝聚力。

用手势表达认可

欣赏、认可和互相尊重是营造和谐办公室气氛的前提。它们可以鼓舞人心，成为推动业绩的引擎。因此，我们不应该简单停留在口头赞许上，还应该表现在肢体语言上。向同事充分表达自己的感受，借助手势和面部表情可以有效传递欣赏和尊重。

“吝啬赞扬，那就省错了地方。”70多年前，美国人类学家戴尔·卡耐基（Dale Carnegie）就一针见血地提出了这个观点。我们做到多关注、多称赞同事，就可以为建立良好的职场关系打下基础。

恭维促进合作

恭维是积极的小伎俩。对此，威廉·布施（Wilhelm Busch）曾经形容得非常贴切："我赞美善意且微妙的欺骗。你懂，我懂，大家都高兴。"在重要的决策前，实情当然最重要。但是，只有收到真诚夸奖的人才会提升自信，才会更有动力、更好地进行团队合作。同时也要记住，经常称赞同事可以间接地提升他们的工作成效。一般来说，如果一家公司内有人认可了我的培训，我就会对他们的公司因取得自己的信任而产生向往。

表示感谢

想同时在口头和行动上表示感谢，我们应该记住以下几条基本规则：

◆ 欣赏和竞争相辅相成，能够奠定良好合作的基础。当我们称赞他人时，自己也会获得回报。

◆ 礼貌待人，关注同事的举动和心情，并积极做出反应。如关注会议上是否有人疲惫了，若有，就提出休息一下的建议。

◆ 看着他人的眼睛。他人可以通过我们的目光感受到真实的赞许和认可。眼神接触带来了真实接触。如果我们回避与他人的目光进行接触，即使是无心之举，也会被视作不屑、不感兴趣或无礼。

成功的会议

职场生活中独有的场合就是会议，不仅需要与同事相互交流，更要体现专业的团队合作，并阐明自己的立场。我们在会议上的目标就是展现自信、说服他人。

不管在场的是总经理、部门经理、项目经理还是普通同事，我们都应注意以下几条：

◆ 积极地走进会议室，身姿挺拔，步履坚定，步伐适中。（图 42）不要扭扭捏捏或晃晃悠悠地走进会议室，那样会显得没有斗志，缺乏信心。

◆ 手臂不要紧紧地贴着身体，要留出适当的空间。（图 43）

图 42

抬头挺胸地走进会议室。

图 43

不要把手臂紧贴在身体上，要适当地留出空间。

◆ 有意识地注视其他人的眼睛，但不要无休止地死盯着他，眼神交流要适当。

◆ 记住他人的肢体语言，与大家保持“同步”。别人身体前倾时，我们也要身体前倾。这将使我们在团队成员中更具存在感。这种镜像技法理论根据来源于“相同姿态的人倾向于相互认同为自己人”，据此可以建立更紧密的关系。

◆ 避免消极的姿势，（第 83 页图 44）不要让别人认为我们听不进他人的建议或意见。

◆ 不要懒散地瘫在椅子上。这样看起来只是个被动的听众，而不是积极的共同决策者。

◆ 也不要紧贴椅背，毕竟我们不是在坐过山车。（第 83 页图 45）紧贴椅背会让自己暴露紧张情绪。

◆ 如果没有需要，就把手摊开放在膝盖上或桌子上，不要放在膝盖下面。（第 83 页图 46）

◆ 如果我们有话要说，就大声清晰地说出来，这样可以激发大家对我们的话语产生兴趣。

◆ 我们想通过肢体语言表达什么？如果是“我无所畏惧”，那就放松地靠在椅子上；如果是“我对公司和团队都很重要”，那就挺起胸膛。

◆ 避免所有表示尴尬的手势。不要摸脖子，不要玩项链，不要摸耳垂。（第 83 页图 47）

不要冒险

我曾经遇见过一位项目经理，每次开会都在手上玩笔。当他跟

图 44
紧抿嘴唇看起来是消极的。

图 45
不要紧贴在椅背上。

图 46
不要把手压在腿下，应放在腿上。

图 47
典型的尴尬姿势：摸脖颈。

同事谈话或倾听时，笔在手掌和各个手指之间来回飞舞。有时玩得起劲，笔会直接从桌上飞到房间角落里。

很明显，转笔只会把内心的不安和紧张表露得更加明显。所以，用玩玩具来抑制紧张的做法会适得其反，会让他人更容易注意到他的紧张情绪。如果我们感到很紧张，可以不时喝口水来稳定情绪，或者偶尔记下一些关键词。这招不仅安全，还让圆珠笔用对地方。

团队合作中的肢体语言

办公室里的沟通是否流畅？它与肢体语言有什么关系？不同的肢体语言在职场上又分别有什么样的效果？办公室里的小毛病和大毛病都是什么？该如何运用肢体语言促进团队顺利合作呢？

俗话说“种瓜得瓜，种豆得豆”。这话听起来很俗，但其中蕴含着道理。如果你将某一个人拉入黑名单，就永远无法与他建立良好的关系。所以，不要把将来可能要合作多年的人拒之门外，这只会害了自己。

保持开放的心态，给一个人第二次甚至第三次机会。毕竟人是可以改变的，我们可以主动干预人际关系。比如，有意识地改变自己的行为，把以前不重视的同事当成自己喜欢（很久）的人。这样的话，事态往往真会如此发展。

赢得同事

有时即使我们做出了所有的努力，也不能与所有同事都建立起良好的关系。这时，想赢得他们的心，就必须有一点耐心。

◆ 利用产生共鸣的力量，有意识地寻找对方积极的一面。对等法则通常会带来积极的回报。

◆ 不要用鼻孔看人——这只是字面意思。在尊重事实的基础上用和谐友好的眼神交流。始终正面平视对方。

◆ 对同事展现真诚的兴趣，了解当前的项目或计划。即使只是小成功，也要给对方真诚的赞扬；要保持好奇心；当团队成员没有新进展汇报时，不要逼问。浅笑和有规律的点头是表达感兴趣的最好的肢体信号。

◆ 在同事说话时，不要侧身或背对着同事，也不要面无表情或双手叉腰，封闭自己。

◆ 想改善工作气氛，就要保持挺拔的身姿和活泼的表情，但最重要的是发自内心的微笑和眼神接触。

◆ 不要等同事靠近自己，应该主动接近他人，无论是语言还是肢体语言都应保持坦诚开放。

◆ 与同事维系良好关系的最佳策略：成为自己期盼的那种好同事。如果始终铭记这一点，自然会做出正确的选择。

成功的秘诀——同理心

小团体在公司中也是自然的现象，这种模式可以追溯到原始时代。当时的人们为了生存不得不聚集在一起，部落中的每一个人都有自己的角色和任务，每个人都会感到安全、有保障。这时，总有一个人，通常是最强壮的那个人在领导大家，大家也会团结在他的周围。

这种现象在今天仍然存在。如果一个人自信满满、精神抖擞，在会议上或针对项目有自己的见解，对工作得心应手，同事们就喜欢围绕在他周围。因为人们想从他的强势地位中获利，或以此为靠山。一个人能否被当作“部落首领”，首先取决于其个人魅力，其次取决于他是否赢得了大家的心。如果你也希望这样，成功的关键就是引发共鸣能力，也就是运用同理心能力。

一定做到对身边的每一位同事都给予真诚的关心、理解、同情和支持。只是，这种令人向往的品质并不是与生俱来的。该如何塑造呢？就像社会上大多数技能一样，引发共鸣能力是可以训练的。最好的办法就是，通过语言或非语言的交流方式进行沟通。

表现同情心

唠叨、悲观、疑虑重重，以及牢骚满腹和情绪化的同事都不好对付。尽管如此，我们仍然应表现出同情心，做出伸手援助的表示。

◆ 坦诚的、充满兴趣的眼神总没有错。我们也可以通过轻轻拍对方的肩或手臂来强化自己的情感。如果对方身子稍有后缩，那就在保持距离的情况下使用肢体语言。

◆ 友善、平和、耐心、包容，这些能让我们在任何情况下都更有利，我们的沉着也会感染他人。因此，即使在高压或紧急的情境下，也不要使用不安或攻击性的动作，或露出紧张的表情。小臂动作要克制，从下向上，露出手掌，而非手背，并确保面部肌肉松弛。

◆ 尊重同事。为同事拉开门或倒一杯水，可以体现自己的修养和档次，也为接下来的合作打下良好的基础。我们对他人的尊重也会获得回馈。在会议上或交流时，一定让别人把话说完，千万不要打断任何人的发言。

◆ 需要提醒的是，如果同事无休止地传递悲观情绪，唠唠叨叨，就让他止住吧。

遇到困难：要有包容心

尽管我们对所有的同事都具有同理心且予以尊重，但总会只与其中一些人相处得更好，这是很正常的。在与那些关系紧张、沟通有障碍的同事打交道时，有意识的肢体语言会大有裨益。在即将展开的谈话中，我们该如何做呢？

◆ 保持开放的站姿，与对方正面相对，但仍保持一臂距离，（图48）让自己的视线与对方的身体呈90° 夹角会更好。绝不要把上半身扭到一边，或给对方一个冷屁股。

图 48

理想状态：面对面站立，并保持一臂距离。

◆ 使用温和的手势，即手掌摊开向上，这是一种积极的强调手势。使用表示拒绝、抛弃或推开的手势会给对方带来消极感。

◆ 用友善、感兴趣的眼神看着对方，微笑并微微点头。如果你还想表现好感，表明自己没有任何威胁，就把头向一侧微倾。这样一来，你暴露了自己最脆弱的身体部位，就不再具有攻击性了。

保持眼神交流

在两个人的对话中，眼神交流起着重要的作用。这是肢体语言交流最直接的形式，因而其效力最强。对方的目光可以透露出很多信息；同样，我们的眼神也能表达许多。

◆ 不安或感到压抑的人，其眼神往往会从下往上瞟。应避免呈现这种“怯生生”的眼神，（图 49）否则自己会在紧张的对话中自动处于劣势。如果注意到对方有这种眼神，可以试着消除他的不安感，比如将头稍稍偏向一侧，让自己显得更加脆弱。

图 49
避免“怯生生”的眼神。

◆“我在看着你的眼睛，宝贝。”这句著名台词应该成为一条戒律，因为不正眼看人的人非常惹人厌。如果对方在说话，就同他进行眼神交流。当然，也可以不时转移一下视线，这是与对方建立真诚关系的唯一途径。

◆ 对自己言语深信不疑的人会直视他人的眼睛。当表达自己的想法时，言语要坚定，眼神也要坚定；但不要盯着对方一直看，眼神停留在一念之间的时长即可。

◆ 我们是否有时会从眼镜边缘看人？（第 90 页图 50）不要这样做。这副“教授气”会让你显得既刻板又霸道，让人联想起难缠、令人讨厌的某些学长，而不是一个可爱的同事。

◆ 如果我们觉得与他人保持眼神交流很困难，那么有一个简单的小技巧可以用上：盯着对方的鼻梁。

◆ 谈话时，同事是否会越过我们的头顶看向我们的身后？（图51）这表明他的心思可能在别处，可能对这个话题不感兴趣，或对我们有意见。无论如何，这都是十分无礼且傲慢的。我们应该如何应对这种情况？可以问他一个问题、演示一个物件、在纸上写些文字或展示一个图例，迫使他看向自己，或者至少着意于谈话主题。当我们用这种方式“诱导”他时，也不要忘了换位思考，并保持坦然的心态。

◆ 眼神可以让我们无言地密切交流，即使在一群人中也可以实现。无论谁被平视，都会感到被接纳、被融入。不被平视的人则会觉得被排斥、被无视。因此，在同时与几个人沟通时，一定要与所有人一一平视。

图 50

“教授眼神”显得刻板又霸道。

图 51

如果对方看向你身后，则他的心思可能在别处。

正确运用表情和手势

在办公室中，你认为自己能够掩饰情绪吗？无论私下生活压力多大，还是谈了甜蜜的恋爱，这些情绪都不会流露在脸上吗？大错特错，即使我们对私生活不透露只言片语，身体都会出卖一切。无需言语，同事们就能将一切看在眼里。无论是游离的目光、疲惫的表情、散漫的手势或无力的身体，（图 52）还是灿烂的笑容、明亮的眼神、稳健的步伐或快乐的手势，（图 53）周围人都会感知到，并且

图 52

游离的目光、疲惫的表情、散漫的手势、无力的身体，显示出精神状态不佳。

图 53

稳健的步伐、灿烂的微笑、明亮的眼神、快乐的手势，显示出愉悦和自信。

于有意无意中理解这些神情和体态。

我们的同事自然也会通过肢体语言透露信息。要识破他人的真实动机和想法，仅通过倾听是远远不够的，还要仔细观察。一旦我们了解了肢体语言，就能像翻开一本书一样读懂身边的人。信任或怀疑、感兴趣或无动于衷、认同或拒绝，都一目了然。

实际情况也许是这样的：有同事在咖啡桌前闲聊，我们也加入其中。在零点几秒的时间内我们观察到，一个人热情洋溢地欢迎我们，向我们张开双臂；而另一个人轻微地转过身去，或向旁移了半步。

这个日常小场景道出了自己在公司中的地位，同事们对自己的看法，以及自己在公司中的形象，甚至综合评价。一个人对待我们的方式，反映出他对我们是否有好感。我们也可以从肢体语言中读出一些有关公司或团队内部的动态。对我们有好感的人，愿意站在我们面前；对我们没有好感或缺乏信任的同事，更倾向于保持距离。

发送正确的信号

我们的肢体表达速度比口头要快得多。无论我们想与不想，情绪都会控制一些肌群不自觉地发出信号。这意味着，肢体语言会表现情绪想传达的内容。我们可以试着用意识控制自己的肢体语言。然而，当我们为了某种效果强硬地模仿手臂动作、手势或面部表情时，其效果总会适得其反。这样的肢体语言十分生硬，也就显得不自然、不可信。

敢于释放情绪的人通常被认为个性强势，会受到重视。但我们不要伪造不存在的情绪；不要一边说着很高兴，一边肩膀下垂，透露出悲伤。我们应在自我认知上下功夫：在公司扮演何种角色？做出何种努力？想被人如何看待？口头表达及肢体语言是否符合自己的特性且让他人适应？如果不是，那就应当一步步训练自己的体态、手势和面部表情，并加以优化。其间应保持的原则是：面对积极情形，自然回应；面对消极情形，克制反思。

手势

将僵硬的双手藏在桌下，是不安的表现。（图 54）我们的手应该始终放在明面上，以显示自己没有隐藏什么，尽量用自然的手势来强调自己的发言。

图 54

将僵硬的手藏在桌下，是不安的表现。

耸肩

肩部在整体视觉效果中起着重要的作用，肩部也是展现肢体语言的关键部位。与同事交谈时有意识地观察其肩部，哪怕是轻微的耸肩，也能暴露出对方的迟疑、犹豫。肩膀前倾，像猫一样弓着背，（图 55）是无助及不自信的表现。

图 55

像猫一样弓着背，是无助及不自信的表现。

肩膀是常用的调情工具，

可以发送暧昧信号。裸露肩膀，再配上相应动作，会削弱职业的严肃性。因而，合适的职业套装可以防止不必要的联想。顺便提及，夹克衫在职场中也十分常见，因为它可以掩盖肩部的小动作，也就掩盖了不必要的信号；同时，能衬托出身材高大，让人看起来显得更加自信。

坐姿

坐姿也大大影响人们对自己的观感。如果坐姿拘谨不自然，就会让自己的气质大打折扣。在办公椅上合适的坐姿应是：挺起上身坐直，双手放在大腿上，双脚稳稳地放在地面上，抬头直视前方。这时，如果说出“我是一个失败者，我是一个弱者”这样的话语，就会让人觉得怪怪的。因为在这种挺拔的姿势下，我们会感觉自己很强壮，看起来也确实如此。

这个实验也可以反过来做：我们坐在椅子上，身体松垮，肩膀下垂，膝盖松弛。这时，我们很难说出“我很自信，我很成功”这样的话。当找到身体紧绷感和松弛度的平衡点时，我们就显得自信、有说服力且十分自然。

正确识别信号

我们要训练识别和理解他人肢体语言的能力，我们对同事的情绪状态感知得越准确，就越能迅速做出反应。这样，被我们理解的人自然而然会对我们产生好感，并愿意与我们建立稳固的关系。

表示求助的肢体语言

越早发现团队或公司当中的冲突越好，以免事态恶化甚至升级。如果我们了解肢体语言，并依此解读同事或员工的肢体语言，就能及时嗅到紧张的气氛，或者察觉到需要帮助的人。如果我们注意到了，就积极行动起来。

我们既是在帮自己的忙，也会因解决问题而受人尊重。有一些明显的肢体语言，表明事态发展不顺利：

- ◆ 消沉或封闭的体态，身体远离他人（图 56）；
- ◆ 悬臂垂肩，嘴角下撇（图 57）；
- ◆ 低着头，几乎不与他人的目光接触；

图 56

身体远离他人的姿势，说明气氛僵持。

图 57

悬空的手是不安的信号。

图 58
紧抿嘴唇，表明可能遇到了困难。

图 59
面无表情，难以获得好感。

◆ 声音轻甚至颤抖；

◆ 动作慌张；

◆ 紧抿嘴唇（图 58）；

◆ 面无表情（图 59）；

◆ 频繁出现拒绝或防卫性手势，如经常用食指指指点点、交叉手指、手掌竖直或握拳等。

典型信号

我们了解这些肢体语言，不仅可以避免潜在的不和谐，而且在与同事的日常交往中，读懂他人肢体语言后就可以占据优势地位，可以与他人建立稳固的关系，并且优化职场上的互动。明显的肢体语言还有：

图 60
上身前倾，是感兴趣的表现。

图 61
“顶指尖”手势，可以是专心致志的体现。

◆ 对方上身前倾，说明他对我们或我们的话语感兴趣；头部前倾则表示兴趣程度很高。（图 60）

◆ 对方将手指尖抵在一起作屋顶状，往往是专注的表现。但请注意，我们不要频繁使用“顶指尖”的手势，否则会有长期的负面效应。（图 61）

◆ 手臂交叉是一种舒适、随意、自在的基本姿势，因此具有积极的意义；但也可以表示冷漠、抗拒或封闭，对其需要结合情境来分析。

◆ 紧抿嘴唇，表示不同意，对方对这个话题或情境感到不舒服。这种态度就是无声地说：“该说的我都说过了。不想再说了，也不想再管了。”

◆ 上身后仰，双手交叉在脑后会占据更多空间，代表对方的优越感。这种姿势在职场生活中尤其会散发出傲慢、轻蔑或挑衅的意味。

◆ 当一个人紧张、有压力或有攻击性时，会真实地喘粗气。鼻孔扩大、脸部气鼓鼓地，就是其最经典的信号。

◆ 用手触摸脸部、脖子前面、脖颈（自我安抚），表示忧虑、恐惧或紧张的情绪。

◆ 触摸喉结、锁骨或者抓紧脖子，表示想要摆脱不适感或不安感。

◆ 有的人通过掐脖子来表示眼下的不愉快或怀疑态度，也包括不安情绪。（第 99 页图 62）

◆ 对方叉腰代表一种领地意识，显露优越感。如果叉腰时大拇指同时指向前方，则是具有攻击性的信号。（第 99 页图 63）

◆ 如果把大拇指插在兜里，其他手指在外，（第 99 页图 64）则表明低姿态或随意的姿态。

◆ 如果一个人身体前倾，张开手指撑在桌子上，（第 99 页图 65）则是典型的自信或支配他人的姿势。

◆ 真心的笑会嘴角上扬，眼睛也跟着笑。如果对方眼睛几乎没有任何动作，则是假笑。

图 62
抓脖子，显露不安。

图 63
叉腰，强调一种优越感。

图 64
拇指插在兜中，显得轻松随意。

图 65
经典的支配性动作：上身前倾，手指张开撑在桌子上。

特辑：电梯里的肢体语言

如果说公司里的一间办公室或一个部门已经算作一个微观世界，从中可以读出许多言外之意，那么，在更小的空间中，如电梯内，与同事的互动能解读出更多信息。因为当我们与他人的物理距离不能拉远时，会自然而然缺乏安全感。不能保持自然的安全距离，我们对肢体语言的控制力就会下降，就会不自觉地透露出更多信息。所以，在以后的工作中，请抓住每一次乘坐电梯的机会，了解自己的办公室伙伴是何种类型。

技术员型

这类人乘坐电梯时专门与手机打交道。他们不论是打字还是盯着显示屏，往往都只是个幌子，都是为了避免与他人直接交流。事实上，电梯里通常没有信号，但这不重要。这类人让自己看起来很忙，没时间聊天。这些肢体语言表现了他们在眼下的环境中的不自在。

乌龟型

坐电梯时，这类人会用胳膊紧紧护住自己，仿佛要缩进自己的身体里，把自己封闭起来。紧紧地抱臂是提醒他人，自己的世界没有别人的空间，甚至连从4楼到1楼的寒暄都不接受。这要么是一种自我保护意识，要么是一种敌对的体现。我们只能试着不同他们说话，接受他们的封闭。

士兵型

收腹挺胸，是这类人的第一个特点。他们在电梯内站得笔直，双手紧紧贴在身体两侧，背通常靠在厢壁上。他们目光直视前方，不为人员的进进出出而分心。尽管如此，他们还是将一切尽收眼底。这种姿势显露出极大的自信和强烈的自律。这类人给自己留的空间很小，平日在职场中通过忠诚和纪律代言自己，很少通过交际能力展示自己。

秒表型

这类人双手插在裤兜中，乍看很随意，但是他们会在裤兜里不安分地晃动手指，这可能是不耐烦或有压力的表现。这类人的确在数秒，等待电梯门赶快再次打开。有时，他们会在乘电梯全程盯着自己的鞋子或天花板看。在外人看来也许很酷，但这其实说明他们不知道该如何处理自己的紧张情绪。

受害者型

这种类型以女性居多，一旦电梯里有其他人，她们就会把书、公文包或文件夹压在上半身，双腿交叉，这是典型的保护性姿势。男性则会采用经典围挡任意球的姿势，即双手交叉放在胯前。这些姿势很容易将自己塑造成受害者的样子。

教授型

这类人行为古怪、口齿不清或念念有词，看起来像一位心不在焉的教授。同乘的其他人因此知道他正想做什么事，如还要给谁打电话、下班和周末要做什么、购物清单上还有什么等一系列鸡毛蒜皮的事。这类人行为无害，但注意力涣散，让他人有点疲惫。

长官型

这类人把电梯公然当作自己的领地，站在正中间，甚至挡在门前。他们用这种清晰的领地意识表情，表明“自己的”空间不受侵犯。自然，凭借宽阔的肩膀和强壮的体格，他们在乘电梯时占据了主导权，负责控制一切，如按电梯按钮。这类人也想当老板。

孔雀型

这类人会自顾自挤进电梯，挡住按钮键，然后一言不发地挤开所有人，他们的肢体语言显然是想让其他人保持距离，自己充当首领。他们的标志是骄傲的胸膛和昂起的头颅。这类人想表现自己是多么重要、多么不可缺，而且他们时间很紧。这类人很有虚荣心，喜欢自吹自擂。

实干家型

这类人会靠在电梯厢壁边，但他不累也不疲惫。相反，他们通过淡然处世的态度展现内心相对于其他人的优越感。大多数时候，这类人总有事要向公司汇报。他们知道缺少了自己，事情无法有任何进展，并冷静地旁观其他人。这类人坐拥权力，却不炫耀。

不同性别的肢体语言

男性和女性之间显著的差异几乎随处可见，在职场中也如此。虽然日常生活中的许多领域，性别分工早已不再是（或不应是）冲突的原因，但职场中仍存在“弱势”性别或“强势”性别的潜在问题。重要的不应是基因，而是其他因素。在相似的职位上，女性通常被认为能力不如男性。人们认为女性不太自信，决策上优柔寡断。

这些基本上都是陈旧思想的遗痕，但令女性气恼的是，它们仍然存在。然而，这些刻板印象也有一部分是因肢体语言差异导致的。换句话说，无论何种性别，在日常工作和生活中都会展现肢体语言，而这些肢体语言通常需要符合自己的性别。这样一来，人们不自觉地坐实了经典的角色分配。每个人都可以用肢体语言来定义自己的个人角色，推翻刻板印象。

典型的男性肢体语言

男性往往表现得恃强，具有攻击性，勇往直前，以此显示自己的力量和自信。他们往往会做大幅度的手势，占据更多空间。概括地说就是，男性更喜欢延伸：摊开手臂，叉腿坐下，以征服的姿态显示决策力或存在感；在众人面前将手挥向一侧，或者挺起胸膛，双手叉腰，故意增强威慑力。

这些动作无不让人联想到动物界的求偶行为——动物们为求偶而标领地、展示肌肉。男性通过挺拔的体态、挥动的双手和有力的握手展现自信。握手时，他们往往会长时间紧紧握住对方，并且找一个方向发力，这是一种力量的角力。他们还喜欢将另一只手握住对方的手或小臂，同样也是在宣示权力。

出于同样的原因，男性有时还会侵入他人的安全“领地”，顺势占据更多空间。给对方以机械的微笑，克制眼神交流，也是一种展示权力的姿态，表达的意思是:“出于必要的礼节，我才会给你这些关注。”

男性肢体语言词汇中，不仅包括这些典型的阿尔法动物信号，也包括顺从的手势，频率虽低但也很有代表性。如弯腰或眼神躲闪，就明显体现出顺从、自我否定或心虚的状况。

男性的肢体语言技巧

掌握这些技巧就能制胜：

◆ 持久的目光交流、友好的面部表情和开放的体态是渴望接触与交流的表现。

◆ 握手时不要“握死”，即不要过分用力地挤压或按压对方。

◆ 避免插兜动作，尤其是在打招呼时，这毫无魅力可言。就算你觉得自己好似将军，这种“拿破仑姿势”也不值得推荐，显得十分傲慢。

◆ 不要过分抬下巴。

◆ 避免叉腿坐，不要双手交叉放在脑后。

◆ 不要跷二郎腿，裸露的小腿既不优雅，也不利于塑造自信的形象。

典型的女性肢体语言

和男人一样，很多女性也会无意识地展现屈从传统印象的肢体语言。而女性常见的是顺从的姿态。尤其是在压力面前，女性往往会后缩，肢体语言透露着妥协、避免冲突的意识。无论是站姿还是坐姿，女性都喜欢交叉双腿。这可能是由于服装的原因，也因为这样让女性看起来更优雅、矜持且柔弱。女性会不自觉地发出求助信号，即护住腹部——一只手抓住另一只手盖住腹部。（图 66）弯曲的手腕和无力的握手一般都被视作软弱和缺乏自信的表现。

一般来说，即使是职场中的女性，也会看起来更加柔弱或优柔寡断。典型的女性肢体语言词汇还包括收胯、歪头或藏手。（图 67）

图 66
护住腹部的姿势似乎在表达求助。

图 67
此类自我保护的姿势表达顺从。

这些都是自我保护的姿势，表达了女性焦虑或无意识的顺从；不安感增加时，还会出现遮掩尴尬的动作，如拨弄项链、触摸脖颈或卷头发。

声音的症结

女性普遍存在嗓音的问题。女性往往只用70%的音调，因此总是比男性显得更安静、更保守。当女性生气、兴奋或不安时，音调会升高。因此，当女性想通过音调展示自信时，往往会被贴上“歇斯底里”的标签。

注意有意识地降低音调，会让自己显得更干练。但如何才能找到合适的音调呢？有一项很好的练习：想象自己正坐在最喜欢的食物前，高兴地说“嗯嗯……”。这就是你应该发出的音调。即使你面对自己不懂的事物，这个音调也能让你看起来十分自信。

女性的肢体语言技巧

掌握这些技巧就能制胜：

◆ 对艰难的场景或谈话做好心理准备。在脑海中提前播放相关场景，思考如何自信、成功地掌控局面。

◆ 语速要慢，吐字清晰。不要着急，用平和深沉的声音表达自己的意见。

◆ 占据一些空间，在会议中、办公桌前，或老板和同事面前就有机会成为最有发言权者。

◆ 坐下时脚踏实地，将两腿平行放置，不要交叉。

◆ 站立时也脚踏实地，让两腿均衡地保持身体重心。

◆ 如果话头被人打断，不要受到干扰，用手掌摆出停止的姿势稳住干扰者，（图 68）继续自信地说话，这还是自己的主场。

图 68

当你不想接受建议或不想被打断时，释放停止信号会发挥作用。

◆ 保持头摆正、身正直，亮出自信，由内而外散发出坚定的气场。

◆ 坐着时身体微微前倾，以显示专注和兴趣。

◆ 将双手放在桌子上，分居身体两侧，圈出自己的“领地”。

◆ 内化自信，这是使肢体语言有说服力的保证。

◆ 不仅要打磨声音，还要练习呼吸；呼吸时，头和肩膀不要晃动，并且永远使用腹式呼吸！

◆ 抓住机会展现自己的自信、干练和专业。

◆ 不需要当“大家的甜心”，需要的是获得尊重。在职业生涯中，获得尊重能让自己摆脱老好人形象。

◆ 除了做出成绩，引起他人关注也很重要。请灵活使用自己的肢体语言！

让女性更强大的肢体语言

这是一个恶性循环：男性被赋予了果断、权威、力量等品质标签，而女性则应该热情、友好、善良。如果一位女性在职场上违反了这种刻板印象，就显得破坏了文化规则，霸道又恶劣；但是，如果将她归于所谓的女性形象，就会被认为不如男同事能力强、水平高。

男性可以更自然地挤压、冲撞、触碰他人，还被认为是自信与力量的体现。而当女性表现出类似的行为时，她就会被标记为粗鲁、男性化或贪慕权力。现实中，同等能力的女性仍比男性处于更低的职位，薪资也更低，在晋升时比男性更容易被忽略。因而，女性在职业发展中需要克服更大的困难。

虽然如今很多企业都已改革，但高管层仍然鲜有女性的身影。即使女性在决策能力、业绩和资历上丝毫不输于男性，但成为领导的女性人数明显不足。即使成功，她们还要在男性主导的领域中继续奋斗（有时非常艰难）。

硬壳软芯

解决这一难题的办法是：当女性了解了男性的商业游戏规则，就可以指导自己走上成功之路，并有意识、有策略地运用眼神和肢体语言参与权力游戏。昂起头，让身体也随之接受相应指令就是基本规则。

以下是一个普通的日常情境，工作中女性和男性肢体语言的差异非常明显。一位男主管给员工递去一叠文件说："明天之前搞定！"要求很明确，那就是快速行动。他用食指指着这叠文件来强调自己的指令，没有微笑。男主管在口头和肢体上的语言都占据主导。

女性倾向于提出请求或问题："你能在明天之前把这件事情办好吗？"她会手掌向上摊开，表现友好。但员工由此收到的信息是什么呢？是任务不紧急，可以拖。

因此，在工作中正确使用肢体语言是非常必要的，尤其是对女性而言。除了专业能力、威望和口才之外，会使用肢体语言也是职业生涯取得成功的因素之一。如果我们懂得正确使用手势和面部表情，将会走得更远。

作为女性，想表现得"不一般"仍然是很多人的难题。女性难以采用男性自然的姿势（分腿站立或叉腰等）。如果女性正在规划自己的职业发展，就必须以结果为导向，认真锻炼自己的沟通能力，也就是培养有说服力的肢体语言。

基因差别

生物学上已经清晰地解释了男女差异，从外表上就十分明显：男性通常个子较高、体格较壮、声音较洪亮，自然更容易有存在感。难怪女性会认为，以自己的硬件条件很难获得存在感。

此外，还有社会教育的因素：大多数女孩从小就被教育要友好地微笑、点头、惹人喜爱。对女性来说，这种下意识会在未来的职业生涯中成为巨大障碍。女性的固有形象也是如此，从小姑娘到年轻女孩，她们在成长中一直被教育：遵守规定就能得到奖励或鼓励，违反规定就会受到惩罚。这些非言语的性别限定和干预不断加强，进一步加大了性别差异。

找到自己的风格

既能体现能力又不失温度的成功女性是什么样的？她的肢体语言又该是什么样的？没有一个标准答案。无论是男性还是女性，每一个人都要找到自己的肢体语言风格。生搬硬套男性在职场中的手势和行为模式并不可取，但了解其语言含义很有用。如果一个女性能取其精华地适度使用相关机制，为自己的肢体语言增添几分男性魅力，就能更直接、更清晰地展现自己的力量，同时仍能保留女性的特点。

同样的动作，不同的效果

举个例子：声音洪亮对于男性来说被视为正面的特质，而对女性则被视为负面的。想一想安德烈娅·纳勒斯[1]（Andrea Nahles）在选举竞选中常用的大嗓门就知道了。女性只有在说话时表现得谦虚、不卑不亢，才会被接纳与认可。结论就是，成功的演讲从一开始就被授予男性。

[1] 安德烈娅·纳勒斯，曾任德国第二大党——德国社会民主党主席，劳工部部长。

这种思想坐实了女性的从属地位。如果女性跳出这种模式、采纳男性的交流方式，则很难取得成功。所以，成功的女性往往显得男性化是有原因的。而男性的刻板印象很快也会自动转移到这些女性领导人身上，很快她们又会被贴上野心大、贪慕权力、自私自利的标签。

想跳出这种怪圈的女性都应该清楚一件事：行为举止并无差异，区别在于人们对男性和女性的看法。一位美国心理学家在研究中证实，在相同背景、相同行为、相同处境之下，男性测试者收获了积极评价，而女性测试者收获了消极评价。即使企业认同女领导人和男领导人能力相当，对女性也会附以虚伪、自傲、霸道、不友善、苛求权利、自私自利或狡诈等评价。

肢体语言加分：给男性和女性的小技巧

肢体语言不仅有性别之分，还有类型之分。在女性与男性竞争的商务场合中，用对肢体语言能带来极大的优势，反之则带来极大的劣势。无论是女性还是男性，都可以从学习异性的“典型”信号中受益。

成为更强大的女性

以下做法，越自然，越有效：

◆ 在职场中，和谐并不是主要目的。众所周知，竞争可以刺激商业活动。所以，不要回避竞争，要接受挑战，并在挑战中获得乐趣。

◆ 不要看轻自己，相信自己的能力并且表现出来。向周围人证明自己是一个天生的成功人士，永远保持自信。谦虚和克制在企业中无法获得地位，尤其是当自己想向上晋升的时候，但是要注重技巧。

◆ 地位差异应该激发灵感和动力，成为驱动自己的力量。公司不是为了一视同仁而建立的。保持阳光直爽的眼神，并且能够忍受一时的低谷，这可以使自己更强大，并吸引对手的注意力。

◆ 始终昂着头，这是基本姿势。同谈话对象说话时，可以轻微扬起下颌，表示自己专心致志、兴趣盎然。不过，这种反应也可能被理解为顺从。

◆ 抬头挺胸。自信的姿势可以带动想法和行动。在抵触的事物面前，应表现得更加自信。

◆ 说话时声音压低，每个句子收尾时语调向下沉。身体向回收，不要站在太狭窄的地方，要确保自己有足够的“放文件”的空间。

◆ 不要做任何屈从的行为。在谈话中，多表现自己的优势，多说话，多聊关于自己的话题；不要用问句开场，也不要拐弯抹角；不用尊称敬语。当宣布自己的决定或意见时，眼神交流要坚定，在任何情况下都不要放弃主导权。

◆ 克服心理障碍，对肢体接触不要过分谨慎。触碰也是力量感的体现，让自己的话语更有分量。将手放在同事的手臂或肩膀上（图69），就会惊讶于对方的新态度。

图 69
拍他人的肩膀，可以宣示权威。

◆ 自己不是少女了，所以要避免搓手、交叉手臂、揉脖子或者摆弄首饰等动作。这些都会传递错误信息，让自己显得不安又无能。

◆ 要友善吗？是的，但要适度，否则会成为职场绊脚石。要微笑，但不要太频繁。特别是对于严肃的话题，无论是讨论过程中还是决策时都要避免过分甜蜜的微笑。表达友好也应合时宜。

◆ 要知道，男性会根据阶层进行交流。请注意谁说话时间最长、谁打断了谁、谁的注意力集中。在这样的对话环境中审视自己。

成为更细腻的男性

肢体语言通常都受下意识驱动。以下是值得自己深思的行为：

◆ 女性通常会因尊重他人而加分，她们具有深入他人感受而理解他人的能力，对变化的环境感觉灵敏，几乎可以无障碍地对他人在情感上产生共鸣。

◆ 无论是通过姿势、手势还是面部表情，每一种表现后撤的动作都表明自愿退出竞争。我们可以凭此来表达对女性的赏识。这在职场上是一个不错的策略。

◆ 避免与女性在沟通中产生误解。如果我们对女性双手叉腰、面目扭曲，一定会刺激到她。女性会把这些信号解读为防御性行为，即使我们只是在全神贯注地倾听。永远做到，通过肢体语言来向面对的女性反馈。

◆ 使用丰富的面部表情，回复时甚至可以加点微笑。眼睛要平和地环顾四周，不要一直盯着某位单身女性。

特辑：职业着装

第一印象重要，第二印象同样重要。我们在职场上取得的成绩不仅由个人能力决定，也由他人对自己的认可程度决定。因此，我们要积极持续地进行自我推销。

我们的状态很好吗？那就通过肢体语言和外在形象表现出来。我们的衣着总会给别人留下一些观感。在商业活动中，衣着的作用更大。在这个环境下，人与人交往更加浮于表面，几乎没有时间去了解衣服“背后”的人。因此，外貌和服装必须在第一时间传递自己想表达的东西。

要想凸显个人特色，在服装上首先要让自己感到自在。选择和自己气质相符的衣服，就可以达到这种效果。如果一个人在现实中相当拘谨内向，却非要模仿气场强大的商场女强人或要一下“酷”，就会很快露出马脚。

商务女性着装规范

对女性来说，珠宝首饰和化妆品也是着装的一部分，都是表现自己的手段。妆容要得体、自然，适合自己且给人稳重感。首饰可以是装饰性的，但不能太惹眼。

遵守商务着装规范，穿与自己在公司地位相称的服装；同时，展现出时尚品位和质量追求。绝不能穿过短的裙子、深领口的上衣，以及透明、过于宽大或有细吊带的衣服。对于职场女性来说，即使在30℃的天气也要遮住肩膀，并穿上丝袜。

请记住，自己不想在公司里被当作花瓶。考虑一下自己的服装和外表发出了什么信号，自己想传递什么信息，以及这些信息能否被正确接收；得到反馈后要适当调整着装，以显示自己对外表的重视。这样做，也可以体现出自己对他人的尊重。

商务男性着装规范

虽然影响细微，但着装也可能影响男性的肢体语言。一个穿着衬衫和西装、打领带、穿皮鞋的优雅男人往往会显得更威严，并自觉注意自己的言行。特别是对于高层管理者来说，外表、言语、着装和肢体语言的和谐很重要。要知道，即使只是某个部分不和谐，周围环境也会立刻给出负面反馈。显然，海滩花衬衫、运动裤和棒球帽会招致截然相反的负面评价；而名表和袖口是身份的象征，代表企业形象，彰显力量和能力。

归结：与同事良好互动的十大秘诀

1. 己所不欲，勿施于人！这个原则也同样适用于日常的办公室生活。所以，当自己对同事有某种期待时，请先以身作则。

2. 肢体语言互动！团队精神可以在无言中传递。真诚地表达兴趣，专注地倾听，展现开放的态度。

3. 保持距离！尽管是团队合作，但每个人都需要一些属于自己的（工作）时间。了解并尊重他人的人，绝对可以给予高评价。

4. 放轻松！相处太久有时会起冲突，放轻松就是重中之重，尤其是在肢体语言方面。威胁性的手势不受欢迎。

5. 息事宁人的肢体语言！要想在冲突时平息波澜，多采用摊开手掌、真诚微笑或伸出双臂等和解的姿态。

6. 平视！不仅在象征意义上，在字面意义上也如此。眼睛平视，永远是交流的最好接触。也就是说，谈话双方要么都站着，要么都坐着。

7. 在会议上融入与会人员之中。不要让自己像第二个老板或跑腿的小喽啰，在身体语言方面也要注意。最好能在肢体语言上与大家和谐一致。

8. 深入理解他人感受的能力是万能秘诀！越关注同事释放出的信号，越能照顾到他人的情绪，同时收获好感。

9. 对于男同事和女同事，要知道男性女性都有典型的行为模式。在工作中，男性不应过于主导和专横，女性不应过于害羞和顺从。

10. 人靠衣装！衣服越舒适，肢体语言就越自然、自信。但请不要忘记，商务着装要有尺度。

第 4 章

演讲中的肢体语言

在快节奏的职场生活中，时间变成一种越来越珍贵的商品。必须赶上最后期限，必须超越竞争对手，每个公司都希望自己无论如何都领先别人一步。因此，需要最大限度地提高效率，演讲时也是如此。长篇大论、没完没了的幻灯片根本跟不上时代的步伐。如果想让自己的演讲获得成功，我们就必须在短时间内快速切入正题，并说服听众。

完美的演讲是什么样的呢？它就是：结构清晰，易于理解，最主要的一点是要令人印象深刻。只有在短时间内吸引听众和决策者，才能说服他们。而怎样才能使演讲令人印象深刻呢？自然在很大程度上取决于产品是否有新意，想法是否有创意，概念是否响亮。

即使以上条件都具备，“怎么讲”往往也比“讲什么”更重要。如果人们不喜欢我们的介绍，我们的产品和服务就无法打动他们。只有被打动了，人们才会关注我们，听我们介绍，并理解我们。而“怎么讲”又包括什么呢？它包括：幻灯片本身在技术和视觉上都要无可挑剔，并尽可能有创意、有趣味；最重要的是我们与之相关的肢体语言。越来越多的公司开始为员工培训肢体语言，这并非偶然。像对待宣传资料和图例内容一样，我们也应该重视自己的肢体语言。

上台开口前的肢体语言

演讲过程中，我们会通过自己的面部表情、手势、体态和声音向听众不可逆地传递信息，且大多数都是无意识的。遗憾的是，许多演讲者根本没有注意到这个重要的方面。比如，演讲人躲在讲台后面，像一艘沉船一样紧紧贴住讲台，大多数时间都在念稿子，一个人对着话筒就如同自言自语——几乎步步错。实质上，我们的演讲方式、动作、对评论的回应、与观众的互动都比呈现的内容更重要。为了能把握好演讲中的肢体语言、与听众建立直接联系，最好按以下几个步骤做：

（1）在上台之前先做个练习。想象一下，自己在跟熟人进行正常对话，想说服朋友或同事，言谈举止之间充满信念和热情。

（2）把消极的画面从脑海中赶出去，在心里为自己设想成功的场景，对自己说："我会讲得很好，我会赢得观众；我可以，我已经做好了充分准备。我要长话短说，我要看着观众，我的手势会加强话语力度。"把自己要注意的事情一件件可视化，把重点在脑海里过一遍，为自己马上有机会将知识顺利地传递给他人而鼓舞。我们应该把这种热身当作习惯，就如同运动员在顶级赛事前的仪式。

（3）上台前要有气势，但不要咄咄逼人，不要觉得观众好像马上跑掉似的；要匀速走到台中间，走到台位前一定不要开口。只有当自己走到位置站定，观众才会专心当听众。

（4）站定时要挺胸抬头、自信满满。但这并不意味着要像军人站军姿一样，那样会显得像将军一样强硬、严肃。找到自己身体合适的绷紧程度，才能充满能量和力量。

（5）沉默是一门有难度的艺术，最初需要花费点精力，但效果一流。我们应做到：在位置上放松站直，看着观众；在开始演讲前为观众送上一个微笑，但不说话；当感到“所有目光都集中在自己身上”、现场鸦雀无声之后再打开嗓门说话。这几秒似乎非常漫长，但对观众来说，这种停顿十分自然。趁着这个时间，再做一次深呼吸。

（6）在开始张口之前再做一个邀请的手势：伸出自己的手臂。手臂要伸多远取决于自己的习惯；无论如何都要手心朝外，最好朝上。唯一的原则是手臂要远离上半身！邀请的手势很重要，因为如果演讲者一动不动，只是在口头寒暄，并不能打动人，也不会获得好感。几乎没有人希望以这样的局面开始演讲。

上台开口后的肢体语言

1970年，美国科学家提出一个问题：有没有可能用高超的演讲技巧对着一群专家胡言乱语，而不被识破？科学家们聘请了一位非常专业的演员——迈克尔·福克斯（Michael Fox），并对他进行了训练。他们的目标是让福克斯发表一场精彩的演讲，但演讲的内容是自相矛盾、毫无意义的。结果所有的专家都被福克斯富有感染力的演讲打动，并被说服。这种现象后来被称为“狐狸博士效应”。

在现实生活中，无论我们在内容上准备得多好、多有说服力，在演讲时都不一定能取得成效；只有依靠有感染力的肢体语言，才能在演讲时收获真正的成效。往往是，无论是我们自己还是听众，都不会察觉到演讲时使用的非言语信号。为此，虽然我们不能完全控制肢体语言，但可以提前找出它们并对其优化，以便有效地使用它们。以下几个方面应格外注意。

有针对性的动作

没什么比不安分、不协调的肢体语言更多余的事了。冷静是秘诀：我们需要从一开始就通过手势、面部表情和体态向观众传达出这一点，自信地走上舞台，站定自己的位置。

现在开始，就不要像雕塑一样一动不动了，也不要来回踱步、挥舞手臂。我们的动作应有目的，要刻意停顿。其间要不时站定不动，不时短暂停顿，不时运用手势。我们也可以从容地向两侧、向前后移动。如果我们一直静止在一个地方，观众就会逐渐消沉起来；如果我们移动起来，观众的思维就会跟着活跃起来。不过，动作不要太大，否则会让人分心。

眼神交流引起兴趣

不仅是动作，我们也应有意识地与观众进行眼神交流。选几个自己喜欢的人，他们可能向自己表现出了兴趣和发出了关注的信号。眼神交流应始终只保持“一念之间”的时长。当我们讲故事时，在心中选择一位听众，想象自己的故事只是为他而讲。越这样，讲起来就越专注、越自信。

眼神跟随

面孔朝某个方向移动时，目光一定要跟随着移动，否则会显得很不自然。如果你被舞台上的灯光照得眩晕，就让目光在观众席上游走，向左、向右，再回到中间。

讲台后也有好戏上演

如果不得不站在讲台后面，活动范围就会大受限制，就会损失一些肢体表现力。在这种情况下，我们需要付出三倍的努力，利用手势和语调来吸引注意力，靠上半身的肢体语言来说服别人。如何确定自己的手势幅度适中呢？很简单，当自己觉得手势过分夸张时，在观众看来只是一般幅度。

巧妙地沉默

好的措辞是成功演讲的前提，但沉默的技巧同样重要，这比较难以掌握。有意识地停顿最初需要克服心理障碍，但这绝对是必要的。毕竟，我们的受众总是需要时间来反应和思考的。所以，当想强调一句话时，我们应在说完后保持沉默；适度地停顿，大约持续3~5秒，利用这个时间深呼吸一下。

表达情绪

听众应该融入我们的演讲中，否则演讲就没有效果。为此，如果我们讲的是欢快的事，就给观众呈现相应的表情；如果我们讲的是严肃的事，就把声音压低；如果我们想表现愤怒，就应在额头上挤出皱纹；讲到出人意料的转折时，可以下巴下垂、瞪大眼睛。

我们可能觉得演讲时自己的表情过分夸张了，其实并非如此。他人对我们刻意展现的肢体语言，在感知上比我们微弱得多。当我们做出一个惊讶的表情时，他们可能不会意识到什么。

小小的情绪锻炼

为了避免演讲时自己在面部表情上放不开，可以事先从演讲本身跳离出来进行一些练习。比如，想象自己是一位哑剧演员，只能通过肢体、面部表情和手势来表现自己的内心想法。练习时，动作幅度大一点，但不要过分夸张；不要说话，只依靠动作；最好是对着镜子进行练习。

我们也可以演一个感到惊讶的人、教训员工的老板、安慰别人的同事、悼念仓鼠的孩子、打人的人、点单的人，等等。这个练习可以天马行空，毫不设限。

感染力就在自己手中

手臂和手做出的动作，是我们除面部表情以外最强的肢体语言表达，也是真正的多能。它们可以强调演讲或演示的内容，也可以表达出很多内容。因此，手势是每一位演讲者都不可或缺的。以下是几条重要原则：

◆ 符号展示。手势必须强调内容，不能与之相悖。当我们说到一大群人时，就用手臂演示出一大群人；当我们提到一个目标，就向前伸出手。（第 128 页图 70）如果有三个重点，就用手在身体侧面比画“3”。（第 128 页图 71）效益提升，可以通过手的上扬来表示。重要的语句，可以用向上指的食指来强调。双手向前推，表示拒绝。想表达微小的变化，可以将食指和拇指捏紧。（第 128 页图 72）

◆ 先做手势再说话。当肢体语言先于口头表达时，手势的效果格外强。通常需要身体先说话，再嘴巴说话。比如，政客们暴怒的时候，会先拍桌子，然后才开始批评。练习这一项的好方法：用全身的动作读童话故事。将童话书放在谱架上，用肢体语言和文字再现故事。练习得越多，就越能运用自如。

◆ 手臂远离上半身。千万不要将手臂紧贴着身体，这样会显示出紧张和不安。受众群体越大，我们的动作幅度就应越大，这样才可以让最后一排观众也看得见。可能一开始我们会对这种大刀阔斧般的动作不适应，没关系，多加练习，手臂动作就会越来越自然，很快就能看到效果。

◆ 与地心引力做斗争。我们出于习惯会倾向于做向下的动作。我们会垂下手臂，因为这样最轻松。但这会为观众带来负面观感。所以，要把这些手势转化为向上的动作，多调动一些肌肉。一定要有意识地从下向上做手势，让观众可以看到自己的掌心，（第 128 页图 73）就好像我们在给予什么。对此，观众会给出积极的反应。

◆ 手腕不要放松。在活动手臂和手时，无论动作幅度多大，都要注意手腕。手腕放松或弯曲时，每一个手势都显得缺乏力度，甚至让人看上去显得有点愚蠢。因此，为了凸显强有力的手势，手腕应始终尽可能地保持稳定。

◆ 所有肢体语言的运用，最重要的法则就是熟能生巧。运用得越自信，在观众面前就越自如，姿势、手势和面部表情就更能发挥作用。如同在演讲之前将讲稿背得滚瓜烂熟一样，我们也应该在肢体语言上下功夫。对着镜子、摄像机练习，或者在与同事和朋友的日常对话中练习。总体来说，除非少数天赋异禀之人，一般人学习并掌握新行为大约需要两个月时间。

图 70

如果提到一个目标，就向前伸出手。

图 71

演讲时，在身体侧面做手势。

图 72

表达微小的变化时，将拇指和食指像磁铁一样靠近。

图 73

始终有意识地从下向上做手势。

完美收尾

每一出好戏都需要收尾，演讲也是如此。收尾的优点显而易见，我们向听众介绍的最后一件事会最令人难忘。所以，把好东西留到最后，推向高潮。这也是我们希望听众能带回家的那条信息。

一旦我们迈过了这道关，就可以享受最愉悦的部分——掌声了。尽情沉浸其中，不用害羞，因为我们的演讲值得观众认可，请不要错过这些反馈；放松地站在舞台中间，轻轻地鞠一躬，用手势和真诚的微笑向观众报以感谢。

如果我们还需要和主持人话别，请事先沟通好需不需要握手，演讲开场也是如此。手握到虚无的空气总归有点尴尬。如果后续还计划了提问环节，我们就应该举起手问："有谁要问第一个问题？"如果观众没有反应，就按照常规自问自答："我经常被问到……"当回答完自己的问题后，再试一次。提问必须反复引导。然而，当沉默陷入无限的寂静时，我们可以使用一个简单的技巧："现在，谁还有最后一个问题？"大家便都清楚，一切都要结束了。

化怯场为成功：30 个防怯场秘诀

我们每个人都或多或少亲身经历过一件事，或许在考试前、在面试前、在比赛前、在重要会议前，又或许在演讲前。我想说的就是怯场，它是每个演讲者的噩梦。你可能和很多人一样，立刻联想到了紧张、压力，也联想到了心悸、烦躁、脸红、发抖、紧绷、注意力不集中等情形。但每个人对怯场的处理都不一样，而大多数人会从这种恼人的紧张感中获益。

天然的兴奋剂

怯场是一种程度较弱的恐惧，可上溯至史前时代，是人的一种无意识的生存策略；如同“加农炮应急反应”，会让身体自动做好战斗或逃跑的准备。我们至今还保留着这种原始本能，虽然不再会遇到生存危险。

但我们确实遇见害怕的情形，比如害怕在众人面前丢脸等。害怕是多数人恐惧等级中最重要的一种，随之而来的是巨大的压力。因此，一场演讲能引发这种害怕也不足为奇。究其原由，是因为演讲者要接受观众对其演讲做出的评价。几乎每个演讲者都害怕这种评价，感到莫大的压力。这就是怯场的原因。

怯场是完全正常的，也会有很多变数。一个人的状态会大大影响怯场的表现。比如，在一家大公司中，部门经理经常给员工布置工作，这种状态对他来说是常见的，因而他就很难怯场。但如果他需要向董事会做报告，害怕的感觉就会大大加剧。一个人不管有多怯场，有一点一定要记住：怯场是一种无来由的虚幻恐惧。我们必须面对它，并努力打败它。

秘诀是：一个人面对恐惧的次数越多，就越自信。每次经历过后就会发现，其实什么都没发生。恐惧是完全没有根据的。我们在演讲前只需些许的兴奋，就能达到理想的状态。怯场就可以真正成为一种兴奋剂，帮助我们集中精神，提高演讲质量。

积极面对恐惧

丹麦哲学家索伦·克尔凯加德（Soren Kierkegaard）在其《恐惧的定义》中写道："恐惧不光使人麻痹，还包含着无限的潜力，是人类发展的引擎。"

30 个防怯场秘诀

并不存在怯场的终极解决方法，但有很多方法、训练和技巧可以将紧张降低到可以应对的程度，从而自信地控制怯场情绪。

（1）准备充分

充分的准备可以抑制怯场，让人更有安全感。这是想取得演讲成功的最好基础。因此，演讲前投入尽可能多的时间准备是值得的。

（2）刺痛的胃：一份礼物

坦白地说，每次演讲前我的胃里都会有这种刺痛感，感觉喉咙堵着个疙瘩，虽然我已经做了无数场演讲。但这正是我所感激的。因为这种感觉让我意识到，自己真的很在意这场演讲。对我来说，越重要的东西就越有动力投入。所以，请把怯场视作积极的信号和宝贵的礼物吧。

（3）抄写要点

终于可以光明正大地抄写“答案”了。把关键词抄写在卡片（最大不超过 A5 纸）上能给自己带来安全感，哪怕自己根本用不上。对了，主持人手卡（提示卡）是最理想的选择。手卡坚硬牢靠，根本没有观众会注意到我们的手可能会发抖。

（4）紧张：只有自己知道

当感觉膝盖发软、喉咙发涩、手发麻、脸发烫时，我们就会觉得别人会一眼看穿自己的紧张。这样想就错了。观众可能只能感受到我们认为的“巨大”紧张的八分之一。当我们觉得自己的脸会红得像西红柿一样时，其实我们的脸色多半仍然呈健康状态。

（5）提前到场

想在台上演讲时做到举止轻松，就有必要提前走一遍台，不要等到最后一刻再匆匆上台。最好提前 60 分钟到达现场。熟悉一下演讲的空间，根据自己的想法做好相应的准备。

（6）深呼吸

有意识地呼吸可以降低脉搏频率，是对抗紧张最快速、最行之有效的方法之一。重点是用鼻子吸气，然后用嘴巴呼气。每次吸气或呼气都要数 8 个数左右。

（7）轻柔晃动

让小婴儿平静的方法，在我们成年之后仍然有效。轻轻地来回摇晃或摆动身体，一分钟之后我们就能感到放松。

（8）仪式感

固定的仪式和习惯会自动带给我们安全感。所以，创造一套自己的个人仪式：可以在前一天晚上泡澡、听某首音乐、戴一件幸运饰品。请发挥想象力！

（9）独门“秘方”：喝水

演讲前喝一大杯凉白开，可以让胃部和神经保持镇静；喝了之后，也不必非要去厕所。

（10）悦耳的音乐

没什么能像音乐一样迅速而强烈地唤起人们的情绪。在演讲前

图 74

晃动手臂，可以放松身心。

听音乐正好可以调整心情，选择能够让自己联想起美好时刻的歌曲；最好跟着一起唱，这样可以放松声带。

（11）放松运动

怯场不仅会导致精神紧张，还会导致身体紧绷。为此，请做些动作让身心放松：头部绕圈活动，耸肩再放下，环绕躯干摆动手臂，（第 133 页图 74）再轻柔地按摩脸部。

（12）预见成功

我们事先设想得越具体，就越能掌控即将发生的事，不用担心意外惊吓。用我们的“大脑电影院”想想：自己如何走上舞台、如何用微笑和积极的姿态迎接观众、如何精彩开场、如何自信地完成演讲；也可以想象结束后热烈的掌声，越具体越好。

（13）释放多余能量

紧张既可以让人昏昏欲睡，也可以让人精神亢奋。为了舞台上不像喝多了咖啡一样，我们应该事先释放掉多余的能量，如绕着街区走一圈，或做十个蹲、起动作以拉伸身体。这样一来，我们的精力不再过剩，还因做了有氧运动而找到最佳状态。

（14）预想自己的听众

我们不仅要预想自己的演讲，还要预想听众。预想听众都是自己所期待的，他们被自己的演讲深深吸引，认为演讲信息量大、趣味横生。将这种感觉记得越牢，就越容易以相同的方式去感知实际听众。

（15）掷地有声

自己的声音颤抖吗？可以做一些预热：哼首歌，温暖一下声带，或用力咳嗽。

（16）裸体玩笑

这是大家在上学时就知道的老把戏，经受了时间的检验。想象自己的听众都是裸体的。效果就是不再觉得自己是唯一“无助”的。此外，令人兴奋的事物也会自动帮自己放松。

（17）最后照一下镜子

很多演讲者因过分在意自己的外表而一时难以集中精力。为此，请记住：只在演讲快开始前照一下镜子，以确保一切都没差错；然后，从这一刻起就专心致志地演讲吧。

（18）快速放松技巧

全身绷紧十秒钟，然后松开。重复这个练习十次，就能明显感到人放松下来。

（19）友善的面孔

在演讲一开始就选择一些积极的听众，与他们保持眼神交流和互动。这可以给自己带来额外的安全感并让浑身充满力量。

（20）主动了解

越是熟悉的东西就越不会让我们害怕。因此如果可能的话，请事先了解我们的听众，与他们闲聊几句，让自己知道他们只是普通的人。如果演讲者在演讲开始前愿意与听众进行沟通，他们也会很高兴。

（21）补充血清素

我们需要点激素和血清素。因此在演讲前可以吃补充血清素的食物，如香蕉、巧克力或坚果。它们可以舒缓情绪，让人感觉良好。

（22）饿侃饱唱

演讲之前不要吃太多。毕竟我们需要节省能量给大脑，而并非给消化道。

（23）隐藏汗渍

出汗总是不可避免的，尤其是当自己紧张时，但是不必让大家都看到。因此，要避免穿粉红色、米色、浅蓝色、灰色或绿色的衣服，因为穿这些衣服，汗渍会立即显现。我们可以选择白衬衫和深色西装外套的组合。

（24）激活积极记忆

演讲之前要给自己做积极的暗示，如回忆一段美好经历，激发自己的灵感，引发愉悦的感受；细细回味：自己看到了什么？听到了什么？感觉到了什么？闻到了什么？尝到了什么？回味越具体，演讲时就越不会因紧张而像发疯一般。

（25）反向想象

不过，相反的方案对某些人也是有效的，即尽可能地想象出最坏的情况：自己完全陷入困境，手卡掉落了，摔倒了。越是密集地设想这种小概率事件，就越不会担心它们会发生。

（26）应对短路

尽管准备周全，并且用了各种镇静技巧，我们还是有一定概率会在演讲时因大脑突然短路而打乱演讲。不过，无须惊慌失措。如果我们不表现出来，观众就不会注意到这些。想顺利救场的最好方法就是重复短路前的最后一句话。我们可以改变一下修辞，也可以当场提出问题，为自己赢得恢复思路的时间。最简单的解决办法也完全可以，它就是看看手卡。这不会招致观众反感，因为没有人指望我们能把所有内容都背下来。

（27）自我激励

我们不仅可以听取他人的意见和建议，还可以进行自我激励。找一个合适的地方大声激励自己，这时就会发现这种自我激励的效果显著。激励时说一些非常简单的句子，诸如“我很好”“我感觉很好”“我很冷静”“我能行”或“我想听到掌声”之类就可以。

（28）视听训练

自己在练习演讲时，如果有条件的话，可以录制自己的演讲视频。录制的视频对自己很有参考价值，也可以将它发给朋友或同事，提前获得他们的反馈。

（29）我不是唯一的人

如果怯场了，请记住：自己肯定不是世界上唯一有这个问题的人。要知道事情都有另一方面，即使是舞台上的专家，也往往一辈子都摆脱不了怯场，甚至还会被人经常谈论这个问题。怯场是一种自然的情绪。

（30）幸运符

尽管大家都不愿承认，但几乎每个人都有一个护身符，会在重要时刻随身携带。凡是能让自己感觉良好、有安全感的小物件都可作为幸运符。

小提示：在备用包中放一个备用幸运符，以防自己换了包时又忘了带它。

让演讲更完美的肢体语言

公司开展活动、召开会议、组织员工活动、举行圣诞聚会……它们都有同一个特点，那就是在这些活动现场领导或嘉宾发言时，听众永远在努力抵抗疲惫和无聊，急切地等待发言结束，以便进入最愉快的事项——吃自助餐或喝酒聊天。给发言者的掌声通常表达的是一种喜悦，即终于听完带有强制意味的讲话，现在可以自由活动了。

事情非要如此吗？能否用一个吸引人的演讲让观众喜爱甚至兴奋呢？当然可以，只要遵循一个原则：演讲不意味着背课文。演讲者应积极地表达自己和相关主题，有义务愉悦听众。通常，这样的一场演讲的 80% 以上部分均由肢体语言，即面部表情、语调和手势组成，演讲者可以用这些肢体语言来打动听众，让听众乐在其中。

每个开场都应令人兴奋

每次演讲或展示的开始，都应该让听众像吃了开胃菜引发食欲那样立刻产生兴趣，从而刺激听众产生继续了解的欲望。所以，应多花心思做好开场白。如果听众一开始就对我们的演讲评价积极，就会不断寻找佐证来证实他们的期望，并且他们总会找到。

相反，如果我们一上场听众就给出了负面评价，那么接下来，听众还会不自觉地搜索我们的负面迹象，并且他们同样可以找到。好的开场能让我们当即与听众建立联系，愉快地导入话题。这样，我们就可以提出自己的实际关注点了。

万能结构

为了保证演讲能被听众接受，我们应该优化主体部分的结构，将信息最多分为 4 个模块（或类别）。为什么呢？因为有研究表明，人最多可以记住基于 5 ± 52 个信息单位。因此，4 个类别对于演讲内容来说，是既充分又合适的。

这样的结构可以制造悬念：导语之后连接一个激动人心的模块，之后连接一个不那么有趣的模块，随后次之。我们应做到，在不损失任何内容的情况下跳过第三个模块。因为经验表明，时间总是不够用的。信息应该集中在第四个模块上，引起大家的高度关注，这也应是最有趣的部分，能将演讲推向高潮。

不适宜的开场白

大多数演讲者开口说出第一句话时就失败了。下面是针对这些话语做的点评。

◆“很高兴今天来了这么多人。”这大概是世界上最无聊的句子了，绝对不要用，但总有人固执地坚持这种客套话。

◆“先感谢大家听我讲话。”这句话也过时了。如果这样开场，演讲者就是毫无必要地降低自己的地位，摆出了一副乞求的样子。理想状况下，演讲者应该是控场者。

◆“在我开始发言之前，我想欢迎并感谢以下嘉宾……”这比世界上所有的安眠药都更管用，这句话的效果只有一个，就是让听众从一开始就塞上耳朵。

◆“我准备得不充分，希望大家不会感到无聊，不过……”在这样的开场后，哪位听众还会期待演讲精彩有趣呢？没错，没有人！这种自杀式的前奏并不能让观众宽容，反而鼓励观众自觉或不自觉地期待你犯错。

如何赢得观众

使用问句（或设置问题）。这是一个非常有效的开头，因为问句直接鼓励听众和自己一起思考。如“我们现在想做什么？”或“假如从明天开始没有人撒谎了，世界会变成什么样？”提出的问题要与观众相关，并且越不同寻常，越奇特，观众的注意力就越集中。

很重要的一点是，在提出问题后演讲者要深呼吸，给观众思考的时间，然后再回到刚刚提出的问题；或者用转折、超乎想象的信息或有趣的事实让观众大吃一惊。比如引用美国数字设备公司创始人肯·奥尔森（Ken Olsen）在 1977 年说过的一句经典的话：“每个人都想在家中放一台电脑，这不可能。”

讲笑话也是理想的开场白。但是要确定现场 80% 的人都会觉得这个笑话真的好笑，并且不会冒犯任何人。如果我们能在一开始就让听众发笑，就能让每个人都情绪良好，就为成功的演讲打下了理想的基础。

引人入胜

演讲结构本身并不能带来演讲成功，内容当然也很重要。好的结构是表现精彩和戏剧性的理想基础，但内容本身也必须用有趣、活泼的方式来传达，能让观众入迷。有一些表达手段可以保证效果。

◆ 引用专家的观点，参考证据确凿的统计数据和科学研究成果，或用精致的图表来支撑主题。

◆ 讲述复杂的概念时，可以通过类比让观众在脑海中塑造具体的画面。

◆ 多使用“现在请你想象”，给观众一个心理任务。

◆ 用生动多样的语言陈述，听众才能记住重要的信息，如谈谈个人经历、举例子、做比较或类比。

成功演讲指南

公共演讲需要学习，至少需要练习。相关的课程层出不穷，绝非偶然。以下几点是成功演讲的最佳前提：

（1）头脑风暴

不设限地收集所有与主题相关的关键点。

（2）观点

确定核心观点，即自己想向观众传达什么？一句话就足够。

（3）图像

尽可能用小故事、类比、清晰的论据或统计数据来表达内容。图像可以走进观众的脑海。观众们需要储存信息的桥梁。只有以图片的形式，数字、数据和论据才不会被无视。图文并茂的形式也能帮助自己更容易记住所要介绍的内容。

（4）最后写开头

写完演讲稿之后，自然可以想出一个精彩的开头。

（5）谢幕

不要浪费最后几句话。最后的话会留在听众的脑海中。它可以是一份诉求、请求、简历或报价单。请说得简洁明了、机智风趣。

（6）调味料

切勿发表长篇大论。请抓住重点，把结论转化为几个关键词并记在手卡上，话语尽可能自然。

（7）练习，练习，再练习

有了手卡后，自己必须从头至尾至少练习一遍。练习时要规范，可以自己练习，也可以在别人面前模拟演讲。只在脑子里练习是没有用的，因为思考和说话是不同的“两双鞋”。练习越多越好，每多练一次，就会给自己多一分安全感；重点是：模拟时如果出现不流畅的地方，要及时纠正。

特辑：幻灯片、激光笔的最佳用法

PowerPoint（演示文稿软件）的盛行大概始于30年前。如今，全世界每天大约要播放3000万个幻灯片演示文稿。德国管理者平均每年会看4800张幻灯片，但鲜有看得愉悦的。事实表明，演讲结束时,80%的掌声几乎都带有解脱的意味，听众因演讲终于结束而鼓掌。许多时候，当第一张幻灯片出现时，就没有人在听。同时有证据表明，幻灯片会削弱人们的思考能力，让听众什么都记不住。

平时多练习

“投影折磨”，即幻灯片演示的过程几乎总是相同的：完美的麦肯锡风格，4000欧元的投影仪投射光线到墙上挂着的显示屏幕上，屏幕上写着表示对潜在的顾客和员工充满热情的“欢迎”两字。演示的第一个障碍，即技术障碍已被克服。如今，30分钟内就可以切换60张幻灯片，上面包括冗长的句子、无休止的数字、难以理解的图形和“激情澎湃”的图片。演讲者严格按照幻灯片显示，一页一页念着上面的文字。一旦在某一刻突然意识到时间不够用了那就加强“马力”，再用1分钟就能念完。

慌张匆忙、满头大汗的演讲者念完幻灯片上内容，终于松了一口气，但潜在的顾客和员工也听得很疲惫，非常疲惫。为何会如此？因为这种活动的主角不再是演讲者，而是明星嘉宾“PPT”（演示文稿）。只有极少数演讲者能成功地在1小时内讲完120张演示文稿，而且还能达到最完美的演讲效果。一场与内容相适应的优秀演示必须经过精心策划和排练。

但是，我们如何成功地让听众说出“哇，我真的很喜欢这个演讲”呢？很简单，实践！几乎每个知名政治家身边都有一位私人教练。高层管理者都经历过无数次演讲研讨，从而提升了自己的感染力。所以，天生的演说家只在童话故事里，并不存于现实中。只有通过不断演讲来学习演讲技能，也就是练习，练习，再练习，才能提高自己的演讲技能，激发听众的兴趣。

这样使用幻灯片

◆ 自由的双手：不要拿电脑，也不要拿签字笔、激光笔之类的东西；如有可能，请将所有的东西都只放在手边，事先整理好相关用具。这样一来，演讲者就可以腾出双手做有说服力的手势，加强个人表现力。

◆ 不要让自己头晕目眩。如果直面光束，对自己和观众都会造成干扰。因此，应尽可能避开这样的不利位置。演讲者还有一把最有利的钥匙——“黑钥匙”，当没有幻灯片需要演示时，就把投影设备关掉。这样一来，听众就很容易“被迫”把注意力集中在演讲者身上，这能进一步提升表现力。

◆ PPT的潜力：PPT唯一的意义就是让演讲更生动。重要的原则是，PPT必须一目了然、易于识别和理解，能够调动人的情绪，产生共鸣。最好的办法就是使用图片。人或动物的形象比物体更能牵动感情。此外，要保证字体字号统一、清晰易读，关键词要有意义。

◆ 当不得不展示数字或数据时：PPT 可以展示或简或繁的内容，这是它的优势所在。在展示视频或信息密集的图标时，演讲者要给观众留够阅读时间。这时，演讲者可以走出演示区，站到旁边。为了在暂停之后可以重新吸引听众的注意力，演讲者要刻意走到中心位置，正对着大家，环顾一下四周，沉默一会儿，然后再继续演讲。

◆ 时间不够——没关系：如果在演讲过程中发现时间不够了，不要慌张，更不要加快语速；相反，应想想最质朴的道理：少即是多！轻松地跳过一些相关性低的页面，继续侃侃而谈。这时，没人会注意到演讲者的用意，只有演讲者自己知道想说什么。

◆ 永远不要过分信赖技术：在使用技术辅助工具时，总会遇到一些问题。最糟的情况是，根本播放不了幻灯片。所以，应常备应急方案，让演讲可以脱离花花绿绿的 PPT。

◆ 避免干扰：任何人的注意力都是有限的。因此 PPT 上要精练，避免添加不必要的动画效果。另外，五颜六色、七扭八歪的字体、俗套的卡通形象和冗长的句子都是绝对不可以的。请使用关键词和必要信息，以图片或简单图形的形式让人一目了然。否则，其他的一切都会抢了主角的风头。

◆ 讲义：很多经验丰富的演讲者都会坚持给听众发讲义，讲义上有自己的批注，而一些人则不以为然。我的建议是：如果演讲者的演讲能启发灵感、制造娱乐或惊喜，那么可以在演讲结束后发放讲义。否则，许多人会提前翻阅文件，注意力就会分散。不过，如果演讲务实且信息量大，讲义上又留出了地方做笔记，就应该提前发放讲义。

你认为幻灯片在讲座中是不可或缺的吗？为什么不试一下呢？你会发现这样做可以大大提升自己的个人能力。没有技术支持，你会更加自主，也会表现得更洒脱自由；不必遵循固定的流程，这样可以显得更加真实。

我自己就有这样的感受。几年前，我受雇参加在一艘船上举行的一次特殊客户活动。光照很好，我在船上感到十分轻松。然而，我的轻松只是短暂的，因为主办方临时决定在日落时的甲板上办讲座。所以，我被迫在没有技术支持的条件下演讲。结果，这次演讲的效果比我想象的情形要好得多。这次经历之后，我开始大大削减幻灯片数量。

我曾指导过一位有威望的律师，他希望能在一次重要会议上为大家留下深刻印象。大家听说过律师的专家讲座吗？那绝对是场灾难。一般情况下，演讲的专家都会把法律案件通过投影设备显示出来，然后开始60分钟的“阅读练习”。我指导的这位律师勇于与众不同。他在PPT中只使用了图片和一些引言，结果一下成为活动的明星。观众对此反响强烈，并为听到这样的讲座而感激不尽。

归结：关于演讲，最重要的十大说服技巧

1.把自己当成娱乐艺人！摆数据，谁都可以做到，但好的演讲者应能做到让观众感到愉悦——这自然需要肢体语言的配合。

2.注意手势和表情！在一些情况下，肢体语言可以成为演讲时的助推器。在合适的地方做合适的手势，调动积极的面部表情和自信的体态，就能看出普通和惊艳之间的差别。

3.保持冷静！专业人士也会怯场。针对过分紧张的情绪制订自己的方案，同时也要化压力为动力。

4.让手势发挥作用！运用少而精的手势，不要使用过分烦琐的肢体语言。只要做到这点，就能充分发挥作用。

5.敢于停顿！许多演讲者会因沉默和停顿而紧张，这大可不必。沉默有好处：一方面，会让人显得冷静自信；另一方面，可以让听众对所听和所见的内容有所消化，受到触动。

6.简洁明了！站在台上的手势要简洁明了，因为此时演讲者是全场的焦点。

7.占据主导！演讲者可以使用很多技术工具，但主角只有他自己一个。切记：演讲者不要躲在幻灯片后面。

8.锁定听众！如果演讲者的目光不断飘忽游离，就会显得不安又紧张。所以，找一个或几个人，与他们不时对视三秒钟。

9.熟能生巧！如果演讲者胸有成竹，表演效果就会大大增加。因此，充分的准备和定期的练习是必需的。

10.交流互动！注意听众的反应，如果出现明显不感兴趣或厌烦的肢体信号，就试着临场发挥。

第5章

销售中的肢体语言

每一次销售或谈判都像博弈，参与者按照一定的策略按部就班地行动。这意味着只有当一方确定一种策略时，另一方才能给出最佳的对策，赢得棋局。没有人一开始就会透露自己完整的战略。我们需要观察对手的销售策略，再一步步调整自己的计划。

在这个“游戏”中，有力论据和不可拒绝的提议都是说服谈判对象的关键点。但要真正制胜，仅靠这些通常是不够的。方式、手段、表达手法对取得胜利同样重要。无论是与商业伙伴、供应商还是客户谈判，如何表现、发出何种肢体语言，以及对方如何识别都直接影响谈判成败。而且，一个可信、强大的个人形象还会影响到未来可能进行的合作。

当然，在第 4 章和第 6 章中所提到的手势和面部表情等内容也适用于这一章。

以“手段”推销“内容”

从销售心理学的角度来看，我们的销售成功与否不仅取决于手头的产品，在很大程度上还取决于我们对客户的感染力，比如说，将姿势、动作、面部表情、手势、语言、眼神交流、着装做到互为表里、浑然一体。自信和富有感染力的肢体语言也有不一般的效果，让人看起来自信、坚定、有目标、活力十足。

具备一定的换位思考能力，能读懂客户、业务伙伴、同事或上级信号的人，在销售和谈判中都有明显的优势。这些软技能能让人在商界处于领先地位。

心理学在销售中之所以如此重要，是因为一个人的决策主要受情绪引导。通常情况下，只有少部分产品能仅靠质量和价格取胜，其他与产品无关的因素，如信任、信誉、好感和满足等往往起决定作用，帮助销售人员最终完成销售任务。

把控时间也很重要。相关研究表明，客户或谈判伙伴的注意力只能持续 20 分钟左右，之后精神会不断分散。所以，销售人员必须从一开始就“抓住”对方的兴趣，与对方产生情感共鸣。换句话说，销售人员要走进对方的心里去。这是商务交易成功的核心前提。

成为侦探

精彩的语言和肢体语言是（销售）谈判成功的核心要义。其中包括开放性提问技巧、展现兴趣、了解对方诉求等内容。最重要的法宝是：倾听！只有当自己了解了对方的动机和诉求，才能想出最合适的应对之策，从而与客户建立起有效的联系。

关注特殊刺激

一旦发现某个需求或购买动机触动了对方的兴趣，我们就可以运用特殊的刺激。在销售中，70% 的决定都是在特殊刺激影响下通过下意识做出的。这些刺激并非理性的事实或数据，而是感官信号，如声音、图像、气味、触觉或味觉。特殊刺激直接作用于大脑边缘系统，影响对他人的评价或对商品、服务的评级，对购买起决定性作用。这些过程完全是在下意识中进行的，虽然我们认为自己的决定是完全客观且理性的，但事实上大错特错！

编辑自己的成功

想对销售谈判进行积极干预，我们应该时刻保持这样一种态度：真诚地渴望成功。只有在心理上给自己编辑好成功的程序，才能获得事实上的成功。具体来说就是，我们要抱着积极乐观的态度进行对话，期待见到顾客，期待一切顺利。只有这样，才能激发自信，用产品打动他人；同时，要让他人对我们产生真实的好感。要赢得他人的好感，最好的办法就是先让他人看到我们的好感。

在销售对话中得分

在每一次销售谈判前，都想一想自己需要以何种心态去面对谈话；要保持精神集中，不要忘记自己的目标。灵活应对对方的信号是沟通顺利的基础。如何建立信任关系呢？就是营造积极的氛围，把对方当成与我们平等的伙伴，一个我们信任且愿意合作的伙伴。以下措施会行之有效：

心理卫生

我们的心理和情绪直接影响着我们的行为，也影响着我们留给周围人的印象。因此，我们不仅要注意自己的肢体语言，更要注意自己的心理和精神状态——专家称其为“心理卫生”或“心理健康”。

在实际操作中，这代表有意识地为即将到来的会谈或谈判做好思想准备。说得更生动一些，就是像专业运动员一样编辑心情，营造积极的心态，以有助于实现目标。时刻铭记，一旦我们在精神上确立了目标，我们的身体就会尽力实现它，或者表现它。

友善的面孔创造奇迹

要知道一个人是喜欢我们还是讨厌我们，第一步就是看他的脸。所以，要确保自己的面部表情传递的是积极开放的信号。但要注意，如果不调动眼部肌肉，笑起来就会不自然。真正笑起来的时候，眼周会出现笑纹，眉毛也会微微下垂。想笑得真诚，就将注意力集中在谈话的积极方面：

◆ 期待了解对方，因为他可能是一个有趣的人（可建立社交圈）或者潜在的客户。

◆ 如果谈话对象对某件事感到十分自豪，请你也为他高兴，并表现出来。

◆ 感谢对方抽出时间或给出提议。

◆ 专心致志地关注对方。专注是所有销售会谈的法宝。

◆ 轻微的触碰也可以引起好感。注意：应是等级高的人触摸等级低的人，反之不可。

撒谎的特征

当一个人不诚实时，往往会有副语言特征变化，即语调和说话方式的变化，如改变自己的音调、音量、语言节奏或说话速度。这样的变化往往是大家一眼就能看出来的。

肢体语言透露的气场

有权势的人会用肢体语言证明自己，用各种不显眼的小技巧来稳固自己的气场。在谈判中，气场是一个反映谈判双方彼此态度的指标。

轻松解密

地位较高的人会：

◆ 占据更大空间，站姿舒展，双脚稳稳地踩在地面上。

◆ 喜欢抬起下巴，从上向下俯视，但忽略细节。

◆ 很少与地位较低的人主动进行目光交流。

◆ 绷直身体，让自己显得高大。

◆ 叉腰。

◆ 手势有活力，动作清晰。

◆ 语气坚定。

◆ 步伐自信，沉稳地迈大步。

◆ 在餐桌前会占据主要位置，如背靠墙面向门，或独占桌子的一端，或坐在拥有扶手的特殊椅子上。

◆ 叉开腿坐在椅子上，胳膊放在桌子上。

◆ 经常靠在椅子上旁观，不热情参与。

◆ 在餐桌上占据更大空间。

◆ 总是比他人先一步走。

地位较低的人会：

◆ 站姿局促，重心偏向一条腿。

◆ 从下向上看。

◆ 频繁地与地位较高的人进行目光交流。

◆ 用一只手抓住另一只手臂，或将双臂交叉放在身后。

◆ 手势幅度小且仓促。

◆ 会尴尬地笑。

◆ 总是比他人晚走一步。

◆ 频繁低头。

◆ 站立和坐下时上身松垮。

◆ 坐姿局促。

◆ 轻声细语。

示威信号

除了反射自身感知的状态外，示强的肢体语言还有其他变种——示威。很多人据此透露了他如何评估自己和对方的权力差异。下面的例子展示了这一类示威性肢体信号，它们表明一个人自我感觉比他人更强大，并且想显示这种强大。而事实是否真的如此还有待商榷。这种行为距离粗鲁只有一步之遥，是如同走钢丝般的危险举动。不妨拿谈判对象设例：

◆ 他把你晾在一边，没有眼神交流，而是继续装模作样地工作。

◆ 他向你打招呼时，没有握手，或者过分用力地握手，同时把你的手向下压。

◆ 他用毫无波澜的眼神看着你，试图压制或刺激你；同时，还给你一个（轻蔑的）微笑。

◆ 他用颐指气使的方式请你入座。通常位置也不太舒服（如正对着灯光晃眼的灯）。

◆ 他的手势动作幅度夸张，但并没实际意义。

◆ 他的体态紧绷。

◆ 他的脖子僵直，目光凌厉。

◆ 他玩世不恭地笑，一侧嘴角上提。

◆ 他坚持坐在自己的办公桌后对话，尽管房间里有会议桌。

◆ 他总是占据更多空间，如占据（飞机座位上）大半个扶手或（食堂中）大半张桌子。

◆ 当你说话时，他会故意看向别处或做其他事情（如翻看日历或看电脑）。

◆ 他侵占了你桌子上的空间。

◆ 他喜欢用食指、眼镜或笔尖指着你，好像手里拿着武器。

◆ 他会在谈话时突然站起来，“居高临下”地开始独白。

◆ 他通过刻意看表来给你施加时间上的压力。

◆ 他总喜欢拍你的肩。

使用手势的小窍门和禁忌

大脑到手的联结比到身体其他任何部位都多。因而，用手势强调自己的话语，效果最佳。外向的人会很自然地使用强调性手势，而内向的人手势语气偏弱。最好让自己的手勇敢说话，就像在同好兄弟聊天一样自然。以下是使用手势的一些小窍门和禁忌：

◆ 一条原则：腰部以上的手势才有积极作用，腰部以下的手势有负面效果。后者要么体现出自己的冷漠，要么暴露出自己的不安。因此，当我们坐下来交谈时，请确保手势总在上半身活动，同时要注意从下向上做动作，避免“扔掉”或“拒绝”的手部动作。

◆ 将手藏起来会有负面效果。双手插在裤兜里代表冷漠，双手放背后或放在桌下，看起来似乎在掩饰什么。

◆ 少用手去摸脸。大多数时候摸脸都会有负面作用。当然，用手抚摸下巴可以显得既有想法又有自信。一般来说，应该让自己的手远离脸，用它做一些更有意义的手势。

◆ 不能做的动作还有“威胁”的手势，如握紧拳头或伸出食指。我们常常忽视了它们的威力。如果我们想强硬地推动什么事，就伸出食指吧。

◆ 要避免挥舞圆珠笔之类的“玩具”，更不要用笔指向对方。

这样的姿势非常不礼貌，显得强硬或有攻击性。积极的动作可以选择手心向上摊开，这表示自己是开放的，愿意给予或接受。

◆ 如果我们想引起他人注意，可以使用“注意指”，即向上举起食指。这意味着：“各位请注意，我现在有重要的事要说。”

◆ 用沉稳的站姿体现气场和冷静，最好少用手势，或有针对性地运用手势。

特辑：正确的坐姿

在商务谈判或销售会谈中，通常问好过后我们就会和对方在桌边坐下来。即使坐下压缩了手势的发挥空间，但在良好的坐姿上运用肢体语言说服他人仍是需要关注的课题。

有积极影响力的坐姿

不要像准备起跳那样坐在椅子边缘，也不要懒洋洋地瘫倒在椅子上，那只适合家里的沙发，在办公场所是绝对不行的。请使用开放且积极的坐姿：坐满椅子，挺胸抬头，双腿稳稳地放在地上。

不妨拓展其他空间。不要真的只局限于把手放在腿上或桌子上，更不能羞涩地攥在一起或埋在两腿之间；相反，请时不时地将手臂搭在椅背上，如果没有椅背，可以放在桌子的左右两边。这些动作都可以让我们占据更大的空间，再配合一些自然的手势就更好了。这种坐姿能让我们看起来更积极，更有行动力。

坐姿的暗示

通过一个人的坐姿，可以了解他的心情和对谈话对象的态度：

◆ 当一个人坐在你面前时上身前倾，这是什么意思？这说明他对你感兴趣。

◆ 对方也会行动吗？从腿部可以窥见他的意向。如果他的双脚稍稍收至膝盖后面，表明他可能马上起身。但如果他的小腿垂直向下或双脚放在膝盖前，则表明他不会有走的意图。

◆ 我曾在一本关于肢体语言的书上读到“交叉双腿的女性不能掌权”的说法，这是胡说八道。只不过是女性穿着裙子跷二郎腿会显得不够优雅而已。交叉双腿则没有这个问题，这个姿势也方便快速起身。

◆ 同样，也请关注谈判对象的脚尖。如果他的脚尖指向自己，则是感兴趣的信号。当他的脚尖转向一个方向，短暂地移开后又转回来，这意味着什么？这意味着：“我喜欢这个，但不要了，因为我也喜欢那个。”

◆ 一个人与自己相对而坐或站立时，只给你一个冷肩膀。这可能意味着对方对你不感兴趣，或还不信任你。

◆ 对方上身突然后仰，有两个原因：一是他有疑虑，在挑剔或内心反感；二是由于你正试图说服他。一旦你完成了自己的目的，对方就会放弃自己的想法。等他点头时你就可以确信了。

◆ 若一个人在坐着的时候抬起脚尖，则表示他有防备心——这就是想象中的刹车踏板。

◆ 最后是逃离脚——脚尖指向房门或窗户。这种状态表明内心紧张。当有人这样做时，便是表明这个人希望他可以逃离当下的情境。

归结：关于成功的销售谈判，最重要的十大秘诀

1. 从开始便控制气场！若想在谈话中成为赢家，就从第一秒钟开始像赢家一样处事。不要傲慢，而是自信，有必胜的把握。

2. 平等对话！永远平视自己的谈判对象。感到弱势的人更容易采取防御性态度，更难以说服。

3. 尊重边界距离！和顾客靠得太近容易适得其反。当然也不要隔得太远。

4. 友善是成功的一半！一个友善的微笑、关切的问候、开放的肢体语言就取得了销售的一半胜利。

5. 举起手！你的手不仅要放在看得见的地方，还有配合语言做积极的手势。负面、防御性，甚至威胁的手势是绝对的禁忌。

6. 面对面！如果我们想说服一个人，就应该百分之百地关注对方。为此，不要扭过身子，也不要把对方晾在一边。

7. 了解自己的对手！自己的谈判对象是否会试图用示威的小动作进行干扰？请巧妙地应对。

8. 保持冷静！我们对自己的报价越是深信不疑，相应地就越能说服顾客。

9. 表现兴趣！通过回应兴趣让对方感到舒适，如上半身倾斜、轻微点头等。

10. 营造良好氛围！只有情绪良好的人才能被说服。因此，请确保讨论的气氛轻松愉悦。

第 6 章

优秀管理者的肢体语言

关于领导力，我们很难定义。对于一位想获得他人尊敬的老板来说，一定的权威性、坚定的原则、自信、可靠和稳定的行事风格都很重要。但这些硬技能并不是万能的。只有在软实力，如换位思考能力、社交能力、情绪管控能力和凝聚团队能力上也出色，才能进入真正的管理者联盟。

有独特的沟通能力至关重要。只有那些无论何时何地都能恰当表达自己观点的人，才能顺利地把自己的意图传递给员工。当然，除了良好的措辞能力之外，管理者还需要很好地运用肢体语言。毕竟，管理者需要体现外在的受人爱戴、能干、有说服力等特点，继而展现真正的领导力。肢体语言的可控性远远低于口头陈述，想做出“正确的语气”来说服和引导他人，显然更有难度。

因此，成功的管理者有特别的肢体语言表达也就不足为奇了。一家国际知名的公关公司发现，如果管理者的个人魅力增加 10%，公司的股票市值会相应增加 24%。

今天的管理者：企业形象的代言人

新春年会、产品发布会、客户活动、周年庆典、股东大会……长久以来，无论是对员工、客户、媒体来说，还是对股东来说，这些活动都是彻头彻尾的无聊。企业管理者向来以严谨的商人形象示人，几乎无一例外。幸运的是，这一定义已经过时了。

如今，讲求把舞台让给管理者，个性第一！基本上，无聊的活动都变得更加妙趣横生。员工无须恐惧无休止地通过投影仪演示文稿，密密麻麻的图表和数字不见了，取而代之的是 CEO（首席执行官）自己的故事和展示。首席执行官变成了“首席娱乐官”。

但是，这并不意味着今天的老板们都要变成好莱坞明星。事实是，只要找到个人优势并明确地向外界展示出来即可。每一位管理者首先都要诚恳地反思，自己的个人形象是否符合企业价值观。企业高层管理者就是最好的价值传播者。目前，影响力已经取代专业能力成为管理者的素质标准，也为新一代管理者奠定了基础。

感染力是关键

在过去，产品或企业品牌是核心。公司简介很少会与一个具体的人联系起来。而如今经常是，某一个名字或某一张照片就可以代表这家公司和身价。

政治家和高层管理者曾经可以远离公众视野，在一个安静平和的角落里静静地讨论重要决策、制定进程和战略。如今，他们不得不快速行动。也就是说，他们必须在短时间内做出决定，再自信地与他人沟通。这就是高层管理者的任务，他们需要为企业、产品或服务业务代言。他们也成了每位员工心中较为具体的目标，代表了公司的公共形象。

渲染情绪

想象在一个传统的周年庆典上，老板上台，把稿子放在讲台上，鼻梁上架着老教授戴的那种眼镜，手扒住讲台，开始了“朗诵表演”：“最近几年很不容易。我们制定的战略得到了稳定的执行，取得了成功。正如当前经济发展形势显示的那样，我们仍面临着一些挑战。通过战略调整，我们将开发出新的潜力……”

一个决策者把演讲稿念得如此乏味，他的威信会有多高呢？空话连篇，毫无诚意，感情空洞，缺乏激情。他的团队会因此跟随他吗？这种状态还可以继续吗？答案显而易见：不行！这样只会收获冷漠和反感。大多数企业管理者并没有用心征服自己的团队。缺少投入，就会缺少信赖。

没有热情，领导力迟早会损失殆尽。热情是取得完美成效的基础和前提。许多人，特别是欧洲国家的人，都有一种误解，只奉行“务实第一”的原则，认为只有运用数据才能说服他人。其实，要赢得人心，必须用心去争取。否则，即使请最好的演说家、最好的教练，哪怕他为人聪明、处事果断，如果他对事物没有热情，不会擦出火花，迟早也会招致失败。须知，领导力也是塑造信仰的艺术。

我们在员工眼里不应只是个数据库，而应该是一个活生生的人。会笑、会生气、会震惊、会流露感情。表达能力自然也很重要，这无需多言，但我们必须表达真情实感，且是发自内心的，否则不会收获信任。

请告别没有人情味的演讲，告别冷酷；在面对面谈话、会议或活动中，请用自己的感染力带动员工。正如哲学家约翰·哥特弗雷德·赫尔德（Johann Gottfried Herder）所说："没有热情，我们的头脑中最强大的力量就会沉睡。我们的内心有火焰，就让它熊熊燃烧。"这不仅适用于企业内部事务，也适用于企业对外事务。

残酷的现实

根据德国一家研究机构2006年的研究，演讲效果26%取决于语调和手势，55%取决于演讲的类型和演讲者的个性，只有19%取决于内容。

媒体的力量

如今，企业因媒体行业的发达不得不快速更新信息。因此，决策者必须快速反应，并在眨眼间完美应对。一个错误的用词、一个不安的手势，以及一个不恰当的情感表达，就会在几小时，甚至几分钟内传遍全世界。

此外，媒体还有强大的情绪渲染能力。他们不一定总是从客观事实出发，他们也会评价事件中的人。早在1999年就有传播学学者发现，视觉印象在很大程度上支配着人的思维。这也就意味着，非语言信号的作用比语言信号大得多。在零点几秒的时间里，一个人就会下意识地对他人形成判断。即使是电视或网络上一张快速闪过的小照片，也会对观众产生认知上的影响。

很早就意识到这种效应的是前“媒体总理”格哈德·施罗德（Gerhard Schröder）。他说：“媒体报道的成功才是成功，否则就根本不是成功。”难怪现在政客和优秀的企业董事会都会聘请媒体顾问。因为如今的企业管理者都非常渴望在股东、媒体、分析师、公众及最重要的员工面前展示良好的形象。他们深知肢体语言的威力，并将活动策划或演艺界的规则搬了过来：完美的灯光、炫目的舞台、生动的“中场表演”及极其迷人又有说服力的措辞、手势和面部表情。总而言之，他们就是为自己造势。

还记得这个场景吗？乔布斯身着从未缺席的黑色高领毛衣，加上空旷的舞台、一件苹果新品，这些足以让观众热血沸腾。人们的注意力仍聚焦在技术创新上，产品完美地成为绝对的焦点，但同时人们也记得乔布斯。

通向目标的道路

如果想走向巅峰，就努力打造自己的个人品牌。请坚持精心打造适合自己个性和职业类型的个人形象，不断强化。作为一名管理者，我们必须让员工和公众都有清晰的定位，赢得他们的信赖，以诚信和信誉行事，最重要的是遵守自己的承诺。

自我定位与角色相符的肢体语言

几年前，我被一家大企业的人事经理请去为一位管理者培训说服能力。说实话，与这位管理者的接触并不愉快。这也可以理解。我见到他时，他的第一句话就是：“我不想改变。我就是我。”我心里想：“好吧，那员工又能怎么办呢？”

如今一切都讲求真实、纯天然。市面上相关的指导丛书有几十本，但这还不是全部。就连食物也要纯天然的——虽然宣传得很不错，但实际并不可信。真实就是这个时代的座右铭。然而，这确实只是口头嚷嚷而已。因为早在 1924 年赫尔穆特·普莱斯纳（Helmuth Plessner）就意识到：“没什么比人更不真实的了。”只有动物才是纯天然的。

管理者不能完全表露内心的想法。因为一个人的职位、地位越高，需要顾及的就越多，个人形象就要呈现得越完美。管理者在公司做报告，实质上是做表演。重点是，他必须表演得真实。真实必不可少。没人会对自己喊：“我真实！我可信！我最本真！”真实同魅力一样需要观众，需要一个对象——可以是员工、顾客、合作伙伴，也可以是供应商。

我们的言行应一以贯之。周围人应该可以预期我们的反应和行为，这是建立信任的唯一途径。管理者应始终避免表现自己的真实情绪。否则，每次开会都会迅速变成泥地摔跤，员工也会因此疏远起来。试想一下，如果我们每次都把自己的意见劈头盖脸地扔在员工身上，会是什么样子？员工是透过放大镜看批评的。对于管理者来说，控制冲动和情绪是成功合作的重要前提。只有这样，才能建立起长久的信任关系。

管理专家赖因哈德·施普伦格（Reinhard K. Sprenger）的一句忠告是："积极的情绪随它去，消极的情绪要自省。"这并不是说我们不能批评员工。相反，员工会对我们的反馈心存感激，但反馈时永远不要忘了换位思考。

真实性的关键是什么？很简单：了解自己的影响力，有意识地选择在什么时间展现自己，展现自己的哪一面。要知道，作为一名管理者，每天都需要应对不同的角色；并且，与同一个员工谈话和与同一个顾客谈话，或者向上级汇报时的表现均不相同。更何况，我们还有和孩子、朋友相处时担当的私人角色。

我们的行为会因情境和环境的变化而截然不同，可以说，变化是常态。正如作家阿图尔·施尼茨勒（Arthur Schnitzler）所说："我们对别人一无所知，对自己也一无所知。我们永远在表演，知道这一点的人才算有真正的智慧。"唯一重要的就是，我们的内在要与外在相符，即言行一致。展现出来的面貌要符合自己的个性。我们必须内化自己的角色，这需要不断地自省和练习。

首先问自己以下几个问题：希望自己是什么样子的？应该有哪些行为？现在是什么形象？别人如何看待自己？自我感觉与他人感觉是否有分歧？要怎么做才能一致？一旦自己找到了这些问题的答案，就是付诸行动的时候。无论是在精神上还是在肢体上，这些都需要强化训练。改变个人形象就像在异国旅行，我们总能发现新鲜的、有趣的部分，进而拓宽自己的视野。缘此，请享受自己的旅程吧！

掌控局面、赢得尊重的肢体语言

假如你正忙于一个项目，但在为新员工召开的第一次团队会议时你迟到了。你连忙走进会议室，一边冲大家微笑，一边把笔记本电脑放在桌子上，然后向大家问好、自我介绍，接着让在场人员挨个进行自我介绍。在他们介绍的过程中，你打开笔记本电脑，充上电。没想到几秒钟之后手机响了，你赶紧转身离开接听电话。接听完毕，你还为自己冲了杯咖啡。

在最后一人做完自我介绍后，双方留给对方的印象可能是：你觉得在场人员脾气暴躁，在场人员则认为你是一个不尊重他人、不称职的老板。开场如此，并不奇怪吗？

遗憾的是，虽然后果可以预料，但这样的场景比想象中更加频繁。每一个担任领导职务的人，无论是企业的高层领导还是团队管理者，都应该时刻注意一件事：无论从哪个层面讲，员工都是管理者最重要的财富。没人可"领导"，老板也就没有意义了。纵然管理者的权力再大，也不能不依附于团队。尊重和公平的互动应该是重中之重，应同时借助口头语言和肢体语言来表达。

肢体语言自信的要点

没什么比员工的反应更能让我们了解自己在公司的地位。当我们见到员工们时，他们会不会陷入沉默？当我们出现在他们的视野中，他们会不会快速转身离开？抑或当我们出现在他们身边时，他们会采取极端的“躲避状态”，比如故意走远两步，且一直低着头？如果你对这些问题的答案是“是”，就该思考一下自己的管理方式，自省一下自己的行为。领导意味着对自己提要求，而非压迫他人。

但是，怎样可以让等级分明环境中的气氛变得愉快又融洽，同时还能保证自己的威信不受损失呢？毫无疑问，同时成为受人尊重的老板和讨人喜欢的同事就像走钢丝，十分艰难，但值得努力。往往只需要一个小小的手势，或一个不同的表情，这需要多关注肢体语言表达。

轻松的神情

一个人业务繁忙，一天工作 12 个小时，经常注意力高度集中，他的表情自然变得紧绷而专注。这种面部表情会不自觉地被员工、同事或合作伙伴视作难以接近，甚至具有攻击性；也会给人自动造成压力和紧张，让人疏远。这样的面部表情也暗示了潜在的危险。

一个人如果想表现得轻松，让周围人认为他友善、有同理心，就要有意识地反复放松自己的面部肌肉。不皱额头，不撇嘴唇，是保证神情舒缓的关键。所以，在下次开会、在食堂遇见员工或者在去公司的路上时，请检查一下自己的面部表情。

我们可以通过以下方法简单放松面部肌肉：先绷紧面部肌肉几

秒，再松开；张大嘴巴，挑起眉毛，做几个鬼脸；最后深呼吸几次。每一次呼吸，面部表情都会变得更加放松。演员在演出前也会使用这种立竿见影的方法。

微笑社交

管理者职位越高，笑容就越少。这在一定程度上是可以理解的，毕竟他们肩负着很大的责任，经常发号施令、委派工作。这些因素都不大利于保持轻松愉快的心情。

研究人员还发现，在日常工作和生活中，男性比女性笑得更少。微笑被认为是女性的标签。如果一位女性不笑就会被认为不友好。这也是为什么身处管理岗位的女性在运用了男性化行为之后，往往要与“铁娘子”的名声做斗争的原因。

然而十分遗憾的是，微笑已经被当作娘娘腔、软弱、不严肃的表达。微笑，特别是社交场合的微笑，应是建立联系的重要桥梁。所以，在进入办公室时，请有意识地向自己的助理或员工微笑。

我们若在路上对陌生人微笑，他几乎一定会回以微笑。更重要的是，我们会发现这个小动作会改变自己一天的状态。事实证明，微笑及被他人回以微笑，都会引发身体的积极感受。特别是对刚认识的人，我们应该有意识地以微笑作为沟通的手段，这样从 开始就能获得好感且得到信任。

正直的体态

一位管理者能代表一家公司、一个部门或领导一个团队，意味着他不仅要与员工建立起良好的关系，还要显示出能力和才干。毕竟，管理者也有榜样功能，同样需要依靠外在肢体语言来实现。

我们可以使用正直挺立的站姿，因为它传递的是魅力、健康和自信。两腿站稳，沉肩，挺胸，腹部收紧。此时，我们身上充满着活力，给人力量感。

走路姿势要端正，目视前方，自然摆臂，步速适中。步子迈得越大、步速越快、手臂摆臂越有力，就显得越有活力、越有决心。请根据现实情况调整自己的步速。如果我们安排得很紧，就走得有活力一些。如果我们想和一个人建立信任关系，就让气息平静下来，沉稳地走路。

不要小步走或者把胳膊贴在身体上，这会让自己显得犹豫不决、缺乏安全感，也不会散发出任何活力。另外，在办公椅上或会议室中也要注意身子的正直，不要歪在椅子上。当自己的肢体语言时时刻刻体现着能量，我们也会感染自己的同事，带动他们更加积极地工作。重点是：在会议中请把上半身转向正在说话的人，表现出专注；如果将上身微微前倾，则能表现出自己有更大的兴趣。

座位排序

内部会议或讨论中很少牵扯到座位排序问题。但这个问题会对会议产生巨大影响。以下是可能出现的情况：

◆ 圆桌会议：平等

在这里，所有的参与者都是平等的。坐在圆桌前是一种很好的集思广益的方式，每个人都会在会议上集中精力。

◆ 相对而坐：竞争（第 175 页图 75）

如果会议涉及价格、收购或产品谈判等竞争关系，那请直接坐在谈话对象的对面。这种状态下的对抗会更“硬碰硬”，因为桌子似乎是双方之间虚拟的保护区。每一方都会据理力争。如果想在视觉上提高自己的位置，可以选择一把较高的椅子，或在椅子上提前垫一些东西。

图 75
竞争的情境要相对而坐。

◆ 坐在拐角：说服、交流、引导（图 76）

坐在拐角有清晰的界限，留有回旋空间。与谈话双方距离都比较接近，但不会侵犯对方的领地。建立和切断眼神交流都很方便。这个位置适合在重要对话或推销时营造良好的氛围。

◆ 并肩作战：团队合作（图 77）

如果我们必须和他人共同完成一项任务或制订一项计划，需要高度集中，那就坐在对方旁边。研究表明，这种情境下的人工作更努力，能更快找到解决方案。

图 76
坐在拐角可以打开话题。

图 77
并肩作战，齐心协力。

◆ 坐在桌子一头：掌控一切

如果我们想掌控一场大型会议、严格监管日常工作、宣布重要的事项或希望减少反对的声音，请坐在桌子的一端。研究表明，坐在这个位子的人话语权最大，其他人往往会把注意力集中在这里。但是不要忘记，这也会使自己和团队疏远，破坏紧密的合作。因为此时大家的想法、建议或进展只会对你讲。其他参与者很少或几乎没有得到关注。此外，不活跃的参会者也会注意力分散。

◆ 坐在正中：建立良好人际关系

如果我们想在一个大团队中与大家建立良好的关系，从而可以紧密地合作，请坐在中间座位；想保持掌控权，就面对门坐着。这种座位安排让所有成员都可以更积极地参与。如果想格外突出哪一个参会者，就让他坐在你身边。

让我们回到最开始的事项：新团队成员的见面会应该如何改进？只需要遵循上面这些提示即可。露出轻松的神情，然后进入会议室；给新员工一个微笑，进行眼神交流；在大家轮流介绍工程项目时，认真倾听每个人的介绍，并微微点头表示感谢。再想想之前触犯过的禁忌：在会议时看电脑、喝咖啡、看手机。两种气氛截然不同！

秘诀：共鸣能力

优秀的政治家、CEO和高层管理者都有一个共同的才能：他们能渲染某种情绪，并以此赢得员工、客户、听众或选民对一个政党、一家公司、一些目标或者产品服务的支持。这种无意识的“操控”基本是由肢体语言完成的。

读心术变得简单了

共鸣能力是指引起他人产生同理心的能力，拥有这种能力，能够感知对方身上遭遇的事件及情绪，几乎可以称得上是一种读心术。我们把这种能力归功于所谓的镜像神经元，这些大脑中的神经细胞具有一些特殊性：即使我们只是简单地观察某一件事，它们也会发出相应信号。我们能观察到什么，就能感受到什么。

也许大家都有过类似这样的经历：在看电影时，女主角悲惨的命运让我们落泪；当听到一个人的手被捏了，自己也会产生切肤之痛；或者我们会对一个人毫无意识地回以微笑，即使我们并不认识他。这是什么机制呢？简单地说，神经元重新激活了我们相似体验的记忆和感觉，有积极的，也有消极的。

设想，我们希望了解一位新员工，寒暄过后就问他：“你的上一份工作怎么样？”她耸耸肩，快速地撇了下嘴角，回答说：“我挺喜欢，但是也该换换口味了。”这时，我们马上就知道是怎么回事了，我们的镜像神经元高度活跃，随即回忆起自己的一些经历。我们注意到了她焦虑的眼神、敷衍的笑容、说“不”的头和紧绷的姿势。这是给我们的一个清晰信号，那就是新同事不想聊这个话题，希望聊点别的。

大多数人都有这种共鸣能力，可以有意识地感知并解释来自他人的信号。共鸣能力也让管理者拥有了领导的可能，因为别人对某些行为模式的反应是难以忽视的，继而管理者可以对此再做出反应。

情绪映射

我们可能对这句俗语很熟悉：“有其父必有其子。”这个表达也可以移植到企业中。员工通常会无意识地从管理者身上识别信号并模仿其行为，有时也会是有意识的。所以仔细想想：希望自己以什么面貌示人，希望员工有什么样的作风。

如果我们在公司里像热锅上的蚂蚁，员工就会感到压力；如果我们希望带着快乐工作，就多笑一笑；如果我们希望员工之间团结协作，自己就要以身作则。至少那些认同我们和企业的员工，会不自觉地复制我们的行为，这得感谢镜像神经元。

镜像神经元不仅能模仿动作，还能反射意图和情绪。假设因为业务能力问题，我们要解雇一名员工，他已有 50 多岁，是两个孩子的父亲，妻子也生病了。解雇时，我们看到了他面部表情和身体语言：巨大的震惊和沮丧。这时，我们的心情如何？我们的镜像神经元复制了员工的情绪，让自己觉得他的生活处境很糟糕。如果什么也感受不到，那么我们属于极少数没有同情心的人。

提高感知力

想密切观察谈话对象，我们必须首先训练对肢体语言的感知力。“教具”可以是我们交流过的任何人。在学习中请注意以下几点：

- 学习“词汇”，逐步记住正负两类信号。
- 抓住一切机会观察，特别是那些我们没有参与的对话，难度较低。
- 时刻注意谈话的背景，根据语境评估肢体语言词汇和信号。
- 请先注意单个动作。慢慢地，我们就可以同时感知几个信号了。
- 如果自己已经很好地掌握了常规的动作，就集中精力学习一些特定的手势和面部表情。每个人都有自己特殊的表达内心想法的形式。
- 相信自己的直觉，就像小时候一样。

良好的“共振”

两个好朋友聊天时会采取相似的姿势。一般关系越密切、越要好，两个人的行为“复制意识”就更强。通常只有在身份相同的情况下才会有深层次的关系。

作为地位较高的人，我们的任务是与员工建立尽可能和谐的关系。假如我们想与办公室里的一位员工对话，请找同样的一把椅子，和他坐在同样的一张桌子旁。这比起我们霸气地坐在办公桌后能更快建立平等的关系。

如果两个人的心理状况处在同一层面，在肢体语言中就会有所体现。听者会以适当的节奏对说话者的话语做出反应，比如做一些轻微的头部或手指动作。也就是说，做一些“共振”运动。

反之亦然。如果我们想与他人相处融洽，无论是在职场还是在生活中，良好的“共振”都是重要的前提。所以，将自己的波长向对方靠近吧。但要小心，不要一直模仿对方。强行模拟对方的节奏可能会被认作是一种冒犯或侮辱。

相同的手势

为了建立联系，我们应该抱着同理心和尊重的态度去模仿对方的肢体语言。肢体语言的节奏和强度是最重要的。尽量做到动作节奏同步，适应对方的韵律。如果对方倾向于迈大步，那么我们也迈大步；如果对方使用强调性的手势，那么我们也用手势来强调自己说的话。

尤其是要模仿积极的手势，但不要做一模一样的动作。请观察手臂和手的姿势。对方是否将左手或小臂轻松地放在桌子上？那我们也做类似的动作。对方会于无意识中认为我们之间达有共识或位置平等。我们还可以实施所谓的延时镜像：比对方慢几拍做同样的手势。

点头的力量

每个人都有被认可和关注的需求，得到这些需求之后可以得到心灵的慰藉，让人际关系或团队关系更加紧密。最简单的认可方式就是点头。点头能表示“我在听你说话”“我同意你的观点”“你说得很对”或“请继续说”。对自己做这种标准的认同动作也是可行的，因为我们的镜像神经元已经知道点头在我们的文化中表示认同，继而会产生积极的感觉。

谈话对象的镜像神经元也会被激活。因为点头暗示他正处于正确的方向上，因此他会更愿意继续讲下去。但请注意：不要像腊肠狗一样一直点头，每分钟 2~3 次就足够了。

如果我们想得到别人对我们的重要决定、意见或建议的认可，也可以有针对性地点头。请一边说话一边轻微地点头，然后观察一下对方的头，马上就知道效果如何。如果对方也开始轻微地点头，我们就赢了。

相同的着装风格

不仅是面部表情、手势和姿势可以在肢体语言上与他人共振，相同的衣服也会无声地说："看我，我和你一样。"所以，请根据自己的行业、身份和谈话对象来选择服装。这样的话，不言而喻的是，我们在这方面就是企业的榜样。

达到和谐

共振也可以通过话语媒介来实现。如何操作？使用相似的词语或俗语，调整语速、语调、音量和节奏。因为声音会引发情绪，所以相似的声音会引发相似的情绪。但也不应无条件地追求与对方一致。当同事、客户或员工语气激动时，请有意识地保持沉着，并运用低沉的声音和舒缓的节奏。这样，我们就会发现对方冷静了下来，适应了我们的节奏。

肢体接触

轻微的肢体接触是两个人之间建立联系的明显信号，商业活动中同样如此。握手就是第一步。通常，不同的握手方式代表不同的关系：拍对方的大臂，是一种除业务关系之外还带有私人友谊的表现；摸肩膀，是一种显示优越感的表现；摸手肘（图 78），表示愿意提供支持；握手时，将另一只手盖在对方手上侧（图 79），则表示感谢。

除了握手，职场上的肢体接触自然都比较含蓄。一般情况下，接触信号只应作用于少数地位相当的管理人员身上。不论是男性还是女性，都可以轻拍对方的手背或小臂。不过，当对方轻轻回缩时，就请再尝试使用其他方式建立联系。

图 78

表示支持。

图 79

增加这个额外的手部动作，用来表示感谢。

成为优秀船员的船长

很多管理者都认为，竞争有利于员工更好地完成任务。为了创造好设计、好创意或者在短期内提高销量，这招可能在短时间内有效。但从长远来看，在忠诚和稳固的基础上合作的团队，才是一个卓有成效的团队。以下肢体语言可以帮助我们将团队凝聚成统一的、积极的、合作的、负责的团队：

◆ 与团队一起围坐在圆桌旁，这样有利于促进员工之间的平等。

◆ 尊重每一位团队成员，用眼神交流，表达友善，认真倾听。

◆ 鼓励积极向上、充满热情的声音。

◆ 在谈话、会议或研究问题时，始终把上半身转向正在讲话的人。

◆ 在演讲时，使用有力的手臂动作。

◆ 用自己的状态感染团队。

◆ 始终保持轻松友好的表情。

◆ 努力积极地开启会议，让团队快速思考、欢笑、质疑。这样我们从一开始就可以营造出追求高效的团队气氛。

特辑：魅力是成功的助推器

特蕾莎修女是慈善家、诺贝尔和平奖获得者，她和德国前总理赫尔穆特·施密特（Helmut Schmidt）一样身上都有一种特质：魅力。每种个性中都能找到魅力，每种魅力都有自己的特点。然而，所有有魅力的人都有一些共同的特点：他们与众不同，坚持自我，会提出新主张，甚至违反禁律，不遵从世俗的条条框框。有魅力的人与人打交道时会流露情感，并且能赢得大家的心。特蕾莎修女的魅力源于她的仁慈，赫尔穆特·施密特的魅力则源于他的直率。

先天还是后天？

德语“魅力”一词来源于希腊语，意思是“恩赐”，本意是上帝恩赐的物品。今天我们将这个词和一种特质联系在一起。有魅力的人自知自己有魅力，有强大的自我意识。他们喜欢同人打交道，有领导力和表现力，性格开朗，有上进心和激情，有强大的打动人心的能力。那么，这种气质可以通过后天学习获得吗？

我们应该先问自己几个问题：我是谁？我又想成为谁？我如何找到自己的特点？什么能让我满足？要理清这些，就必须对自己进行深度的挖掘思考，明晰自己的个性。这是一个很大的挑战，因为客观评价自己是最难的事情之一。所以，不要灰心，这对任何人来说都不容易。如果努力克服了这一关，我们就踏上了寻找魅力的康庄大道。

全情投入

无论做什么演讲、谈论什么或者代表谁，我们都应该百分之百地信服它。如果连我们自己都不能信服其话题、观点或概念，在演讲或开会时自然就不会散发出魅力。我们必须全情投入，才能真正说服别人。

如果语气强硬地说出自相矛盾的话，我们就从根本上与有魅力的人区别开来了。有魅力的人会用专注带来热情，用热情点燃激情，最终达到理想的效果。有些人试图模仿名人，直接搬用他们的动作、风格，甚至观点。这样是行不通的。因为借来的“衣服”和我们量体裁制出来的“衣服”有不同的效果。

魅力是买不来的，它必须是由内而外的，带有个人印记，因个人的经历而塑造。只有这样才能拥有真实、令人信服的感染力。尽管如此，榜样仍有积极的作用；榜样在一定程度上会激发人们的积极性，是一种很好的激励。长期的模仿会导致自己的个性消失，更糟糕的是会让自己身心不协调。同时，人们会将我们与原版进行比较，而复制品总不如真品好。因此请谨慎。

自己的衣服最合身

请停止总想取悦别人的想法。因为魅力有时也是人们的一种主观感知，只能见仁见智。只有最杰出的人才会免于争议。魅力的黄金原则就是：不要硬给自己套上他人的衣服，要找到自己的风格，散发自己最耀眼的光芒；而且这是为了自己，不是为了别人！

四两拨千斤的魅力工具

如果我们认为一个人有魅力，这个评价背后隐藏着几个起共同作用的词语：投入、共鸣能力、通透、会展现、有感染力。最强的工具就是感染力，即外在状态。而这又是受肢体语言决定的。归根结底，我们在他人身上首先感知到的就是肢体语言。调查结果显示，我们判断一个人是否有魅力，46% 都是基于其身体语言来做评价的。而口头语言在相遇之初的作用就小了很多。所以，问题的关键是：我们如何拥有感染力，哪些是关键因素？

魅力资本

有魅力的人注重自己的外表，塑造自己的个人魅力。这样做，自然是在符合行业情境的标准下进行的。魅力逼人的人大多在外表上做了投资，使自己有风格、有风度、有礼节。因此，他们在任何舞台都能展现自己的风采。同时，他们还会呈现出力量、活力和健康的面貌。所有这些因素都可以用“社交吸引力”这个词来概括。

过去，名字是高级政客或经济巨鳄们最重要的交际名片。如今，外表也同样重要。这证实了一个普遍的观点，即“好看”的人更容易成功。一个可能的原因就是他们从小就会受到更多的关注和认可，因此，可以更快地学习必要社交技能并获得积极的反馈，从而增强自己的自信心。积极心态将有魅力的人自动地引到了成功的道路上，并助他们一帆风顺。

吸引力在职场有着不可低估的意义，可以等同于传统因素中智商的重要性。所以，不仅要投资自己的知识和专业技能，还要投资自己的外表；保持身体健康，讲究礼仪，衣着总是符合时宜，并对世界上发生过的、即将发生的事保持兴趣。有谈资也是外部资本的一部分。

姿态

自信的姿态总是与干练、精神等个性联系在一起。站姿挺拔，挺胸抬头，肩膀下沉，能给人有力量和执行力强的印象。正因如此，请注意自己的头是否摆正。想象自己头上顶着一本书或皇冠，或者脑后有一根无形的线被拉向天空。这样既不会显得怯懦，也不会显得傲慢。如果我们想在这个姿势下更加“柔和”或表达关切，可以将头微微向一侧倾斜。

手和手臂

遗憾的是，将双臂交叉于身前经常被解读为被动、拒绝或不感兴趣的标志，尽管并非所有情况下都如此。不过，张开双臂，用手臂动作强调口头所表达的内容会更好，能让自己有更强的存在感。当我们做出手势时会显得更具口才，更能吸引关注，声音也会自动变洪亮。但要注意：不要为了有感染力就胡乱地摆手。只有当我们有意识地使用手势，让手势具有意义时，手臂的动作才会产生正面的效果。并且，手势最好先于话语一步。

笑

图 80
真实的笑容。

笑是会传染的，同时对自己和身边人都产生积极的作用。许多笑理学研究都证实了这种单纯又显著的效果——前提是，我们的笑应该是真实的。假笑既无效，又令人不快。真正的笑容在脸上时，眉眼周围会伴随着出现小细纹（图 80）。事实上，表情凶恶的人与他人的联系很少，事业上也很难成功。而爱笑的人则能更快社交、更乐观，事业上也更成功。我们要付出的，就是一个微笑……

眼神交流

如果谈话对象一直回避我们的目光，肯定会让人产生一定的不适感。无论是初次见面还是在普通的肢体语言交流中，眼睛都起着重要的作用。所以，不要害怕与谈话对象保持积极的眼神交流，但每次时长不要超过“一念之间”，这样对方才不会觉得被盯着看。

投入

投入的意思无非是思想集中，无论是身体上还是精神上都在状态。这事关在自己身边如何营造一个气场、填满一个空间。投入的人不仅能更快被识别，也往往更容易实现自己的目标。

投入需要冷静地专注于当下，专注于当下的事件、情境、反应。在演讲或会议中，我们也要全神贯注，平静、冷静、专注。当我们发言时，请自信、有力地进行阐述，这样才会大大增加魅力。使用的语言要通俗易懂，话语要底气十足。为了顺利地临场发挥，请你在不同的情境中练习，有意识地感知自己在场的情形，思想不要游离。

然而，不仅压力和截止日期会让我们的投入程度受影响，不安和不自信也是有着强大外壳防护的天敌。遗憾的是，我们在格外想拥有强大魅力的时刻，反而变得格外不安，害怕失败。

虽然这种恐惧只是我们自己的臆想，但与其沉溺于失败的假设，不如全神贯注于当前的情境，重视对手或听众，有意识地对此刻要听我们演讲的人投入注意力。“竖起”自己的耳朵、张开自己的眼睛，最重要的是敞开自己的心扉，我们会惊讶于自己突然感知、认识、理解了不少东西。

情绪和共鸣能力

扑克脸常常被视作一种优势，尤其是在商业活动中。这是一个谬误。因为从长远来看，其实脸上可以表现出情感，因为如果总将自己的情绪隐藏起来，长此以往会显得不近人情、无趣。毫无疑问，在一些情况下，保持冷静的头脑是一种优良品质。但在更多时候我们应该表现出情感和共鸣能力，因为只有这样才能赢得别人站在我们这一边。

对情绪的感知也是可以练习的。仔细观察是第一步。问问自己，对方现在感觉如何？或者在同样的情况下会是什么感觉？而后就很容易显示出同理心了——我们将能够对他人的感受进行换位思考，并对其做出适当的反应。

口才

有魅力的人不仅有肢体语言感染力，还有语言上的说服能力。我们应该拥有一个庞大的修辞库，最重要的是学会如何使用它。之后，我们就可以对任何目标群体都有相应的语言适应能力了，在对员工说话时，使用的词语与对朋友或专家不同。这种修辞上的变通在市场上例子颇多。但是，我们在政治家身上也可以找到反面教材，因为他们中的一些人总喜欢玩弄一些无人理解的词语，就好比几乎没人知道“安置健康基金”到底是什么意思。因此，越是复杂的问题，越需要尽可能简单地解释。

一致性

一致性是指，我们给别人的整体印象应是一以贯之的。我们所想、所说、所为必须是一个整体，传递同一个信息。就像拼图一样，所有的图块拼在一起，才会创造出清晰生动的画面；如果少了一块，或者不属于同一个拼图，整个画面就被毁掉了。另一方面，言行一致让我们显得诚实可靠。一致的行为还会表示我们果断、负责任。

表现

如今每个人都必须尽可能地表现自己、推销自己。收集选票的政客、寻求支持的决策者、激励员工的经理、推销产品的销售人员、等待订单的自由职业者、求职的应聘者，等等，皆是如此。

这并不意味着我们要扮演一个虚假的角色，要伪装自己。因为只有展示出合适的形象，才可以说服对方。然而，当身处紧张的环境中时，我们该如何应对呢？做真实的自己，就意味着会暴露自己的不安。但一个不自信的人向我们推销想法或产品，我们会信赖他吗？当然不会。因此在这种情况下，建议掩饰自己的紧张。该怎么做呢？保持真我，但表现出一个自信的自己，展示自己的“另一面”，成为此刻自己想成为的那个人。

重要的是，照自己所想的那样塑造自己在他人面前的形象。这种所谓的印象管理（Impression Management）已经成为企业、机构或个人不可或缺的一部分，可以用于塑造特定的形象。

不管如何精心准备，最终都是要站上舞台的。我们首先要考虑的是，自己想对外呈现何种个人形象，重点是要符合自己的性格。当然，粉饰得越少，效果就越好。如果我们自我尊重、充满自信、对自己有适度的自爱、对生活有热情、有勇气并且对他人有好奇心，我们就具有了获得魅力光芒的先决条件。

独特性

哲学家弗里德里希·尼采（Friedrich Nietzsche）在《不合时宜的沉思》中写道："每个个体的内核中都有一种创造性的独特；当他意识到这种独特时，就会散发出一种奇异的光芒，不同寻常的光芒……这对于大多数人都难以承受，因为每件独特的事物背后都需要承载一连串的辛劳和负担。"

归结：关于强大领导力，最重要的十大秘诀

1.既不做暴君，也不做兄弟！做管理者不容易，不是每个人都可以管理。人们往往很难在冷漠的老板姿态和热络的关系之间找到平衡，在肢体语言上也是如此。请在紧密和疏远之间找到合适的平衡点。

2.我是谁？我的形象如何？如果我们想领导别人，必须先了解自己，诚恳地评价自己。只有这样，我们的自身特质才能为领导力服务。

3.开放的姿态！管理者的开放往往只停留在口头上。请让自己的体态和手势也协助配合。

4.管理者需要共鸣能力！不能体谅员工的人难以服众。真诚地倾听、明确地表达兴趣，往往就能帮助自己理解他人的情绪和行为。

5.给予安全感！很多管理者常常忽略了自己的自信可以带给员工安全感，从而为成功奠定理想的基础。

6.指挥，但不趾高气扬！那些言行之间都想显示自身优越感的人，并没有参透领导力真正的秘密。掌控力与颐指气使无关，而与自信的气场有关。

7.柔中带刚！轻松、自信、友好的面部表情最能体现一个人稳定的领导能力。无论是消极还是积极，过度波动的情绪都不可取。

8.老板也会笑！管理者不应低估微笑的巨大作用。

9.尊重换尊重！自己想被尊重吗？请先尊重他人。

10.真诚的表现！自己想散发出真正的领导力或魅力吗？请真诚待人。

第 7 章

国际交往中的肢体语言

对于旅行者来说，日本有时着实是个颠倒的世界：日本人的书写顺序从上至下、从右至左，葬礼上穿白色衣服，他们为笑感到羞耻，对逝去的亲人却报以笑容；在公共场合，单纯的亲吻会被看作如色情电影一样出格，但袒露乳房哺乳婴儿就是不足为奇的事。因为拒绝别人是不合适的，所以日本人会对许多事物说“是”，即使他们实际想表达的是“不”。这只是该民族使外国人感到困扰的一些例子。想在肢体语言层面正确理解这个国家则更加困难。

当然，没有人可以了解所有的国家或文化，了解其中语言或非语言上的特点和差异。这是不可能完成的任务，也是需要终身学习的任务。那么，我们该如何顺利地在国际贸易中交流或使用肢体语言呢？这很简单，根据需求精进，了解我们业务伙伴的文化风俗。在互联网上能找到许多翔实的信息、指南和游记。而后，我们就可以据此向对方表达尊重，以促进沟通和合作。同时，这些内容也拓宽了我们的视野。

不同国家的文化概述

“如果你和我不同，那么你并非对我有害，而是使我丰富。”从法国作家安托万·德·圣－埃克苏佩里（Antoine de Saint-Exupéry）的角度看，我们应该了解其他文化。每种文化都有其独特性。抱着开放的心态看待他人的习俗、价值观、社会形态及宗教传统，在任何时候都大有裨益。

每种文化都有其特点，当然也会留给人刻板印象：美国是无限可能的土地，泰国是微笑的国家，俄罗斯人活在酒里，印度人活在宝莱坞电影中，等等。欧洲国家也给人留有刻板印象：德国人追求成绩，意大利人和法国人追求享乐，英国人刻板，瑞士人精细，奥地利人是阿尔卑斯山民，土耳其人做买卖、戴金链子，荷兰人热爱房车，西班牙人脾气大。

当了解这些国家的人之后我们很快就会发现，即使有一定的道理，这些刻板印象也是偏见，并不符合事实。与不同文化、不同国家的人一起工作总是一种挑战。既然今天的商业世界已经不能抛弃国际化，我们就更应投入精力应对这些挑战。

为了在多样化的国际合作中“生存”并且从中获利，了解不同文化决定的不同行为模式和工作模式会让我们受益匪浅。如果身为企业家、项目经理或者员工的我们有外事工作上的需求，就需要深入了解一些事实。

单一文化与多元文化

建议大家按照单一文化和多元文化对不同国家进行分类，以提前适应不同的工作文化氛围。除了这两种泾渭分明的风格外，还应知道：澳大利亚、东欧、部分南欧国家和中国则是这两种风格的混合体。

单一文化

单一文化地区的人更喜欢有秩序的工作方式，一件事做完后再做下一件事。因此，他们的计划详细、结构清晰，日常工作有条不紊。他们利用数字、数据和事实提高信赖度，在讨论时人们依次发言，严格遵从公私分明、遵守截止日期、遵守规则。单一文化的地区包括中欧、北欧、盎格鲁－撒克逊国家、北美和日本。

多元文化

在多元文化国家中，很多事情是同时进行的。人们会在上一个任务尚未完成时就开启新任务。采取这种工作方式的人有很强的随机应变能力。此外，人情在商业活动中是最重要的因素。这意味着最初的“产出”会很低，但项目后期十分高效。他们的截止日期比较灵活，也不苛求数据和数字。最重要的是与人打交道。拉裔文化、西裔文化及阿拉伯、拉美、非洲国家，特别是俄罗斯都是这种组织规划风格。

感性文化与理性文化

感性文化

在感性文化中，重中之重是处理好上下级和同事关系。甚至可以说，只有在深入了解业务合作伙伴（尤其是个人）之后，才能维持业务联系。简而言之，工作氛围最重要。人们在开展业务之前，必须与对方建立紧密的联系，打下信赖的基础。足够的寒暄、漂亮的口头表达和肢体语言传递以及对对方真诚的兴趣都是未来成功合作不可或缺的部分。

感性文化中的人们想知道自己到底在和谁打交道。对对方来说，可能意味着要透露更多自己的态度、价值观和信仰。因为这种环境的座右铭是："处得好，才能合作好。"中东文化、拉裔文化和西裔文化都是感性的。

理性文化

在理性文化中的优先级则不同。专业能力、数字、数据和事实是重点。对于以事实为导向的文化来说，人际关系远没有那么重要。相反，商业伙伴的能力和业绩才是最重要的。分工明确、条理清晰、注重绩效才是良好合作的评价标准。私人感情只起到次要作用。人们会直奔主题，专注于理智、客观的陈述和事实。

在理性文化中，重点是实现既定目标。座右铭是："公是公，私是私。"但在工作过程中仍然可以发展更深入的业务关系。

感性与理性

感性与理性的差异对开展国际业务意味着什么？假设我们从德国去西班牙拜访一位商业伙伴。在德国，理性占主导；而在西班牙，感性占主导。所以，我们应先注重人际交流，然后再说正事。西班牙合作伙伴想先认识我们，了解我们的思维方式、生活方式及工作、生活中的价值观。因此，即使不习惯，我们也要畅所欲言，谈谈自己的爱好、家庭、家乡风俗。但请避开涉及东道主国家的敏感话题，如加泰罗尼亚的独立抗争。

等级观念的强与弱

每种文化都有等级观念，有人权力大、有人权力小，而后者通常占多数。等级观念影响着各自的社会，进一步也会影响商业世界。等级观念弱的国家则意味着在各个领域都追求平等。而如果面对的是等级观念强的文化，则要做出更多调整，首先要找到有地位的合作伙伴，然后才能推动业务进程、收获成功。

具有明显等级观念的文化要求对上级尊重和服从。假如你想打入中国、印度或俄罗斯的市场，找到合适的合作伙伴、建立好人际关系网络是最主要的任务，而第一次接触时通常需要通过中间人。即使如此，想要找到地位显赫的合作伙伴也需要花费大量的时间和耐心。

跨文化研究专家吉尔特·霍夫斯塔德（Geert Hofstede）研究了各个国家对等级观念的平均重视程度，将其归纳整理成表，总结出所谓的权力方差，这个表可以帮助我们对其定性。表中将所有国家从 0 —100 打分，0 代表对上级尊重度低，100 代表尊重度高。以下列举了一些国家等级观念的平均重视程度的得分：

◆ 奥地利	11	◆ 以色列	13
◆ 丹麦	18	◆ 瑞典	31
◆ 瑞士	34	◆ 德国	35
◆ 荷兰	38	◆ 美国	40
◆ 日本	54	◆ 法国	68

◆ 印度	77	◆ 西非	77
◆ 印度尼西亚	78	◆ 中国	80
◆ 俄罗斯	95		

权力方差指数最高的是俄罗斯及亚非国家；美国以40分的分数处于中下游位置；欧洲的指数普遍偏低，而法国是个例外，达到了惊人的68分。根据这项研究，奥地利人对上级的尊重最少，只有11分；而以色列也只有13分。

与较高指数文化合作的技巧：

- ◆ 明确自己的等级。
- ◆ 最重要的是与“决策者”的关系。
- ◆ 有耐心。
- ◆ 给出清晰、有条理的说明。
- ◆ 尊重别人，保持距离。
- ◆ 通过语言和行动表现出足够的尊重。
- ◆ 做好心理准备，需要应对官僚主义和官员的参与。
- ◆ 礼仪通常很重要。

与较低指数文化合作的技巧：

- ◆ 平等对待所有参与者是最重要的，不管其级别或职位如何。
- ◆ 人际关系至关重要。大家都会先了解我是谁。
- ◆ 规矩、礼仪、官僚主义或礼节都是次要的。
- ◆ 协同管理是一种优势。

◆ 不要根据身份、长相和特权来评价别人。

◆ 让别人参与自己的决定。

结论：依照上述分类体现熟悉国际商务伙伴的“业务特点”，越了解越好。最重要的是找到对方文化的特点，以免显得粗鲁、无知、傲慢，甚至自大。一旦我们了解了最核心的信息，就可以仔细揣摩语言和肢体语言上的细微差别，争取顺利合作，取得成功。

握手的差异

握手是国际交流中一个特殊的挑战，与对方国家礼仪紧密相关，有些不同寻常，十分有趣。

在许多国际会议上，人们初次见面都会伸出手问好。这听起来简单，但即使是这个我们再熟悉不过的手势也可能包含着潜在的冲突。问好方式的正确与否对跨文化交流的后续发展至关重要。虽然传统的握手在西方文化中被视为一种常见的问好方式，但在亚洲国家中不尽然。

◆ 拜访泰国人时，永远不要踩门槛，因为那是门神休息的地方；也不要带鲜花，鲜花会带来厄运，女主人会马上将其清扫。

◆ 与印度人握手只能轻轻地握。如果你是男性，应等候印度女性合作方先主动伸手。握手问候会发生身体接触，而印度的异性之间很少如此。在印度教地区请用“Namaste”打招呼，同时头要微微轻点，双手在胸前合十（第 204 页图 81）。这是印度教最常见的问候语，以显示我们对对方文化的尊重。“Namaste”这个词来自梵语，意为“敬仰”。这句问候语有很深的寓意：两只手代表正反两方面的力量，类似于阴阳；双手合十时，这种对抗性被抵消了，代表一定的平衡。印度人非常重视称呼和礼貌用语。所以，请仔细看合作伙伴的名片。

◆ 对于日本人来说最重要的是鞠躬。尽管他们也经常伸手问好，但为了保持距离会直挺挺地伸出胳膊，轻轻地握手。鞠躬时背绷直，男性将手臂贴在身体两侧，女性则将双手放在大腿上（图 82）。鞠躬的度数取决于地位、年龄和性别。地位较低的人应比等级较高的人鞠躬更深，待等级较高的人站起来他才可起身。在私人社交场合的等级，老人高于年轻人，客人高于主人，男性高于女性。在工作中等级起着不可忽视的作用，老板自然高于雇员，顾客高于卖家。对于等级很高的人应深鞠一躬。请用双手递接名片，并且要仔细阅读。

◆ 俄罗斯人通常会长时间地握手，第二次见面时还会用手轻轻拍对方的肩膀以示热情。忘了著名的"社会主义兄弟之吻"吧，这种情况不再常见了，但相处融洽的俄罗斯人会亲密而热情地拥抱。

图 81
用"Namaste"问好时双手合十。

图 82
女性将手放在大腿上（男性则贴在身体两侧）。

◆ 在中东，商贸伙伴之间会正常握手，有时也会将另一只手盖在上面，而后再交换名片。名片通常设计得十分精致，请记住最核心的内容。

◆ 在拉美，握手时，人们通常会将一只手盖在另一只手上。

◆ 关系亲密的土耳其人之间握手时常伴着亲吻，只会吻到左右脸颊。这让其他文化的人常常猝不及防。但如果我们作为客人，当主人将脸颊侧向自己时，我们也应该在握手时先给出左脸颊，再给出右脸颊。

◆ 德国人和美国人更喜欢有力的握手，这是自信的标志。法国人握手则比较柔和。

避免界限冲突

交往双方之间的距离对双方来说都舒适吗？这因民族和文化不同会有很大的差异。20 世纪 50 年代，一位美国人类学家研究了人类的空间行为，即所谓的亲近度。他的结论是：正如每个动物都需要它的领地一样，每个人也都需要自己的空间和界限，当边界被侵犯时就会做出战斗或逃跑的反应。

当然，这并不是说人只会停留在一个区域活动，永远不离开，而是说每个人周围都包围着如影随形般的隐形界限。这些界限会因个人的喜好扩大或缩小。大多数人都有四种界限，相应也会有不同的反应。

距离的意义和大小会取决于：

◆ 性别 / 角色（女性 / 男性）；

◆ 社会阶层关系（地位平等、等级差异、支配关系）；

◆ 心理特征（性格外向 / 内向，理性 / 感性）；

◆ 种族、民族和文化。

适宜的距离

根据社会关系和文化背景，德国人通常会选择以下距离区间：

◆ 亲密距离小于 45 厘米（与亲朋好友）；

◆ 对话距离在 45~80 厘米之间（与朋友或亲密同事）；

◆ 感知距离在 60~120 厘米之间（与下属和熟人）；

◆ 公共距离大于 150 厘米（与远房亲戚或陌生人，具体取决于对方的友善程度）。

这些数字仅为指导值。内向的人自然比外向的人需要更大的距离。

边界距离的国际差异

那么，这些理论研究成果对与国际合作伙伴打交道来说有什么实际意义呢？有一点点帮助。在美国有经典的臂长理论，手臂长度就是两人之间的理想距离。在商业活动中，但凡小于这个距离就会引起他人的不适和被侵犯感。法国人的边界距离要更小一些，而荷兰人和德国人则较宽。日本人需要尽可能远的距离才会感到舒适。相反，在中东和拉丁美洲，人们对自己的空间界限要求很低。北欧人比南部国家和中东国家需要更多空间。

一个内向的英国人和一个外向的波多黎各人相遇可能会“出问题”。一项研究表明，英国人通常在60分钟的谈话内都不会触碰对方一次，而波多黎各人会触碰对方多达180次。

当然这只是个极端的例子。但即使在不太极端的情况下，不同的空间需求也会引起矛盾。比如，如果有人在敲门后没有等到经典的“请进”的“许可”就直接进入办公室，一个德国商人就可能感觉他的私人空间被侵犯了，而只要进门的人还靠在门框上，美国高管就不会感觉被冒犯。

不同国家的肢体语言差异

肢体语言在跨文化交流中起着重要作用。如果我们和对方的语言不同，那么总可以用手脚来比画吧？事实上不尽然，没有这么简单。“不同的国家，不同的信号”，每个国家都有自己的肢体语言，与特定的文化、个体社会规范紧密相连。因此，在跨文化交流时应注意国际肢体语言的差异，以免犯下经典的错误。

一个手势，多重含义

手势比面部表情更容易产生误解，看似无害的手势很可能被完全误读。当然，有很多德国的日常手势在其他国家也存在。但往往一个手势在另一种文化中会拥有截然不同的意义。想当然地认为肢体语言可以全球通用，容易将自己陷入尴尬的境地。

不同的信息

“不同的国家有不同的习俗，不同的礼节……”这个句子可以一直续写下去。以下是一些例子：

◆ 仅仅是肢体接触的频率就可能成为肢体语言交流的绊脚石。如南美国家的人通常会在 1 小时的谈话中触碰对方约 180 次，而这在北欧会被视为具有侵犯性，甚至是骚扰。相反，同北欧人谈话会让一个南美人误认为对方很少与自己互动，是不喜欢自己。

◆ 一个人占据的空间越大，吸引的目光也就越多；手臂活动幅度越大，表达效果也就越强烈，越令人印象深刻。因此，大多数文化中的男性都比女性活动幅度大，也不是没有原因的。

但在不同的国家之间也有差异。一位美国的男性经理会在讨论中用拳头敲击桌子，通过铿锵有力的撞击声强调自己的论点。美国的女性经理也会利用类似的手势，只不过稍为柔和。

日本男性会限制自己手臂的动作。日本的空间普遍有限，扫荡式的动作可能会破坏他人的私人领地。这就是为什么“典型的”日本人相较于西方人来说总显得顺从或拘束，并且在谈判中往往显得毫无兴趣或冷漠。他们认为密集的手势会分散注意力，让人难以集中。

阿拉伯人甚至比美国人更钟爱做手势。他们画线般的手势强调每一个词，借此可以清晰明了地表达任何情绪，如愤怒或热情。

◆ 当人们想提及自己的时候，不同国家也会有不同的手势。德国人用食指指向自己的胸部或腹部。美国人把右手手掌平放在胸前（第 211 页图 83）。日本人用食指和中指指向自己的鼻子（第 211 页图 84）。然而，如果一个意大利人用食指点点自己的鼻翼，则是表达事情很可疑。

◆ 人们会用怎样的肢体语言来表达自己想吃东西呢？如果一个人来自德国，他通常会张开嘴，用手指指嘴巴，或者用假想的叉子模仿吃饭的动作。南欧人或南美人会将指尖捏紧送到嘴边，好像在吃手抓饭一样。而日本人会用左手比画出一个碗，右手食指和中指夹着筷子，然后假装将饭从碗中夹进嘴里。

◆ 西欧、北美人挥手叫人时通常手心向上，手指向对方快速摆动（第 211 页图 85）。而在西班牙、葡萄牙、意大利南部、拉丁美洲、北非、中东和南巴尔干半岛，人们会将手掌向下，与西欧、北美人完全相反（第 211 页图 86）。

◆ 外人在意大利时一定注意到了这个手势：手心向上，五个手指向上弯曲捏紧。意大利人会在生气时用这个手势表达："你到底想怎么样？"而在土耳其，这个手势意味着"美啊，妙"。在埃及，这代表"请耐心，稍等片刻"。

"看得见"的误解

即使是所谓的常用手势也会有很大的地方差异，甚至造成误解。

◆ 在北美和欧洲大部分地区，用拇指和食指卷成"O"形（第 212 页图 87）是一个表示积极认可的符号。日本人将其象征金钱。在法国、比利时和突尼斯，这个手势表示 0，意为某个事物毫无价值。在马耳他、突尼斯、希腊、土耳其、俄罗斯、南美部分地区和中东地区，"O"都是一种侮辱性的手势，被认为是极其淫秽的。在英国和澳大利亚，这种手势意为很粗鲁，代表让别人滚开。

◆ 如果一个人是左撇子，在阿拉伯世界会立刻失宠，因为左手被认为是不洁的，只用于清洁。因此，吃饭时左手既不能上桌，也不能夹菜。

图 83

美国人将手掌平放在胸前指代自己。

图 84

日本人用食指和中指指向自己的鼻子。

图 85

西欧和北美人手将指冲上招呼别人。

图 86

拉美和中东地区则与西欧、北美人截然不同。

图 87
在欧美，这是一种认可的手势。

图 88
“胜利手势”在一些地方被视作侮辱。

图 89
两手同时竖起大拇指，始终代表积极的含义。

◆“竖起大拇指”（图 89），在很多国家都有积极的意义，这种手势的起源可以追溯到罗马角斗士时代。当皇帝大拇指朝上则意味着战斗结束，角斗士获得了自由；如果皇帝大拇指朝下，那么表演继续，角斗士难逃一死。此后在许多文化中，大拇指朝上都表示“一切顺利”“太棒了”或“优秀”。

◆食指和中指向上呈“V”字（图 88），通常被认为是胜利或和平的象征。然而，在澳大利亚或尼日利亚，这个手势代表着其他含义，如“滚蛋”，同时人们还会将手指轻微地前后晃动一下。在德国，伸出大拇指也可以代表数字“1”，因为人们是从这开始计数的；而在日本，这代表数字“5”。在中东部分地区，大拇指也是一种调情信号；在希腊的一些地方，则被理解成一种淫秽的手势。

◆ 让我们再做一个日常的手势，如指向某物或某人。即使是小孩子也知道不应用手指指着别人（图 90）。在中国、印度尼西亚和斯里兰卡，用手指指着别人也是禁忌。在泰国要格外注意食指的动作。如果有人用食指和中指敲击太阳穴，就是在邀请您观看人妖表演。用拳头砸向自己另一只手来加强语气，会被视为侮辱女性，因为这个手势被理解为性邀请。

图 90
孩子都知道：用手指指别人是禁忌。

◆ 在中东一定要改掉身体接触的做法，也千万不要在做盘腿坐之类的动作时露出鞋底。因为鞋底上带着街上的污垢，被认为是不洁的。难怪在阿拉伯文化中，人们会通过向人扔鞋表达轻蔑。

这样做是安全的

以上例子只涉及跨文化交流中肢体上“语言陷阱”的一小部分。显然，世界上有数不清的文化差异。要把所有手势内容都记住几乎是不可能的。但有 5 个简单的基本规则可以帮助我们减少误解：

（1）不要割裂地解读肢体语言，一定要结合语境。其他随动的肢体表达，单一的肢体语言说明不了什么。肢体语言、口头陈述和话语情境的共同作用才是决定性的。

（2）在跨文化交流中，对肢体语言不要抱有偏见，只有公正的人才能真正理解对方。

（3）从异国的肢体语言中也能识别出“欺骗”。一个人的肢体语言若表现的是自己所思所感，看起来会很真实。言不由衷只会增加理解上的困难。此时，通过提问才能得到澄清。

（4）在跨文化交流中，了解对方的文化背景非常有助于充分解读对方的肢体语言。但同样重要的还有同理心、同情心、理解、宽容、好奇心和求同存异的态度。认识到差异是顺利交流最重要的前提。

（5）事实上，即使在同一文化背景下，肢体语言交流也总会出现误解，因为没有人可以同对方站到完全相同的视角。每个人对周遭事物的认知都是不同的，认知总是源于个人经验。那么问题来了：如果不精通各国的肢体语言词汇，又该如何玩转国际舞台？最可取的策略就是使用简约的手势和面部表情。我们的肢体语言越保守，就越不容易被人误解。

同样的情绪，不同的表现

许多研究证明，面部情绪可以被通用地读取，但不必一一理解。毕竟，每个特定情绪的变化在不同的地方是不一样的，因文化背景而有所差异。根据美国心理学家的说法，有十种基本情绪在全世界每种文化中都会出现：兴趣、痛苦、厌恶、喜悦、愤怒、惊讶、羞愧、恐惧、轻蔑和内疚。但何人在何时表现出何种情绪，取决于各自的社会习俗。

情绪——不同的世界

在不同文化之间，我们需要认识到情感是有差别的。即使像愤怒这样普遍的情绪，在不同的文化和环境中也会有不同的表现方式，甚至根本不表现。如在亚洲文化中，愤怒并不常见，即使是小孩子也是如此。不同于西方文化中的孩子，如果他们没有实现愿望，就会简单地接受现状。

感知情绪

在识别情绪时，误解屡屡出现，尤其是在西方文化和亚洲文化之间。亚洲人难以正确识别欧美人的负面情绪，如恐惧、愤怒、厌恶等，因为他们自己较少表达这些信号。

欧美人则认为亚洲人普遍面无表情。原因显然是，不同文化对面部表情有不同的解读方式。亚洲人在解读面部信号时几乎只关注眼睛，而西方人会结合眼睛和嘴巴的动作。

此外，还有所谓的跨种族效应，即同一种族之间更易互相识别面部和情绪。因此，亚洲人最会解读亚洲人情绪，反之亦然。这种理解上的障碍似乎是中德谈判近 50% 都会失败的原因之一，即使表面上取得成功的合同谈判，60%~70% 的情况下也是不够理想的。

根据一项研究，大约三分之一的谈判失败可以间接归于跨种族效应。跨种族效应导致不同国籍的谈判伙伴之间缺少认同能力，相互错误地评估彼此。

何种程度的情绪才合适?

不同的文化有不同的处理情绪的标准。基于社会规范、道德和价值观，每一种文化都会决定在什么时候允许一个人表现出某种情绪，什么时候适合表现出某种情绪，什么时候淡化、强化、“中和”或掩藏某种情绪。即使是在西方文化中，情绪也只能在一定程度上被理解。太敏感的人会很快被定性为缺乏自制力、性情不稳定。但在伊朗，人们很看重短暂的负面情绪爆发。人们感到不满、不爽、气愤、暴躁或生气，然后会清晰地将其传递给世界。这样就可以缓解生活中的悲观情绪了。

一般来讲，个人主义国家和集体主义国家在情感的表现上也是有区别的。在东亚、南美等集体主义文化中，社会的发展更重要。而西方工业国家的个人主义文化则将人的独立性和独特性放在首位。这两种文化有截然不同的情绪处理方式：在集体主义文化中，强烈的情绪往往是由集体共同感受的，而非个体。通常因一个积极的或消极的（重大）事件产生，与一个客观事实相关联。与之相对的，个人主义文化下人更重视情感的独立性，受群体或环境的影响较小。

国际情绪概览

在国际商务谈判中，情绪化的语言和非语言信号有同样重要的作用。我们的商业伙伴会对大笑、凝视或咆哮作何反应？或者说，我们应该在哪些国家表现出何种程度的情绪？下面是一些选项：

◆ 英国

精致的英伦风是礼貌、矜持的代名词。其中包括在任何情况下都要绝对有礼节。情绪失控是尴尬的。尽管英国人以独特的幽默感著称，但冷静和疏离也永不能忽视。

◆ 瑞士

守时、精准、保持适当的距离、实事求是、专注细节都很重要。举止礼貌、寻求共识是重点。凡事都要讲清细节。瑞士人很克制情绪。

◆ 印度

印度人很感性，但他们大多想在商务谈判时隐藏自己的情感。然而欢声笑语、轻松有礼总是好选择，同时还能缓解压力。同理心可以促进建立信任的关系。

◆ 菲律宾

菲律宾人习惯克制。而我们也应只在适当的时候谨慎地微笑。说话太大声或者情绪爆发都不合适，这会让对方非常尴尬。情绪要面对面表达，但不要当着众人的面。菲律宾人是非常敏感的一个群体。

◆ 坦桑尼亚

我们需要表现得沉着冷静。如果我们生气了，请用面部表情来表达，大嚷大叫或责骂别人都不可取。哭泣是软弱的象征，男性在任何时候都不能哭泣。适度地开玩笑是可行的。

◆ 中国

友善和礼貌是商务会谈中的重中之重。谈判一开始总会有些“烟雾缭绕”。西方文化喜欢把砝码摆在桌面上；而中国文化喜欢迂回地接近核心问题，经过多次礼尚往来才能一步步达成共识。中国人喜欢了解他们在和谁打交道。人们经常微笑，有时是出于羞愧或不安。越是尴尬的局面，人们越会微笑。微笑有时也表示某件事情是不正确的。

◆ 墨西哥

这里最重要的事就是打通高层。如果这一步顺利，我们就可以开始漫长的谈判、大吃大喝、讨价还价了。相比巴西人，墨西哥人显得更加严肃内向，然而他们仍然热情洋溢。多做丰富的手势，爽朗的笑，这些可以调节气氛。人们经常通过身体接触体现友好。不要闪躲，因为这在他们的文化中意味着缺乏信任。情绪是墨西哥文化的重要组成部分。大家坦然地表达感情，通过开玩笑和调侃缓解紧张的气氛。请不要提出批评，并且避免冲突。

◆ 俄罗斯

乍一看，许多俄罗斯人似乎并不友好，很孤僻。毕竟在这里对陌生人微笑是很稀奇的。对于俄罗斯人来说，笑必须发自内心，决不能伪造，二者的关系也必须与之匹配。俄罗斯人也是控制情绪的高手。做好每次谈判都要大吃大喝的心理准备。

◆ 美国

开放、友好、随意、乐观、热情，这可以成为与美国商人打交道的秘诀，要的是积极自信。不要开门见山，不要立刻就开始讨论业务，在交流刚开始的时候可能会被评价为攻击性强。第一步要先进行寒暄，为讨论打下良好基础。之后大家很快就开始互相直呼其名。有时候我们还会被邀请参加活动，不必太认真。尽管气氛友好又亲切，但仍然要保持适当的距离和克制。不要干涉对方的私人事务，因为隐私和个性对于美国人来说是神圣的。最后记住美国人的信条：“你能行！”

◆ 保加利亚

保加利亚人与人初接触时严肃保守，所以应该花费足够的时间建立良好的关系，特别是在一开始时。在保加利亚，人们通常会使用暗示委婉地沟通。我们需要从字里行间读出大方向。提出批评是不可取的。如果某个问题被忽略了，说明他们不想聊这个话题，请不要再追问了。在谈判中，保加利亚人很重视公平，也愿意妥协，要做好在会议上多线作战的准备。

同意还是拒绝?

在大多数文化中，点头都是表达同意的信号，而摇头意为拒绝。一个例外是保加利亚。在这里，摇头是同意的信号。这点很重要!

另外低头也有不同的含义。它在西方文化中常被视为拒绝或不安的信号；而在亚洲文化中则是专心致志的标志，也可以代表："我认同我的等级地位。"而后，下级的人头会低得更深了。

日本经理在谈判时为了更加全神贯注、避免分心，往往会低下头、闭上眼。而这对于欧美人来说是一种不在乎、不尊重的表现。

以下表示"是"：

- 点头：全球绝大多数国家
- 左右晃头：印度、巴基斯坦、保加利亚
- 头向后仰：埃塞俄比亚

以下表示"不"：

- 摇头：广泛通用
- 头向后甩：阿拉伯文化、希腊、土耳其、意大利南部

- 挑眉：希腊
- 摆手：广泛通用
- 扇动手：日本
- 把手放在下巴上：意大利南部、撒丁岛
- 晃动食指：广泛通用

微笑也不总是积极的

印度谚语说："你送出的微笑会回报你。"很多文化中都是如此，但不绝对。微笑绝不是一个简单自然的信号。在商业交往中可以拥有许多不同的含义，从友好、抱歉到拒绝，甚至否定。

在美国，人们爱笑也会互相笑。一些公司甚至训练大家微笑。麦当劳公司有自己的销售培训中心。当第一家麦当劳分店在莫斯科开张时，美国人试图教当地居民微笑，但收效甚微。顾客认为自己被嘲笑了，因为在他们的国家，直接冲陌生人笑是很奇怪的。

日本也没有美国那样的"微笑文化"。日本男性不会当众笑，女性笑时不露齿。为了避免笑得过于灿烂，从前的日本女性会把牙涂成黑色。

对于西方最自然的一个小动作，在远东却始终没有市场，如今才有了些变化。东方也认同了微笑对身体有益，可以增加愉悦的激素。在日本，人们甚至会公开训练微笑。

泰国被称为微笑的国度不是没有道理的。微笑是那里社会生活中一种强制性的刻板行为，也是礼节必不可少的部分。如果泰国的经理人丢了工作，他会笑着讲出这件事。泰国人、印尼人和菲律宾人感到愤怒、悲伤或痛苦时也会在公共场合继续笑。他们认为痛苦应留给自己，不想让任何人有分担他们的困难的义务。还有，表达负面情绪也可能会丢面子，因为社会环境不接受情绪的爆发。因此，当有人遇到情感波动时，往往会躲进自己的世界。

各式各样的笑

笑可以是不适、紧张或尴尬的表现，也可以是快乐的表现。每一种文化都有不同的笑，也对笑赋予了不同的意义。除了美国和亚洲的两种极端之外，还有无数不那么极端的笑文化。如在德国，人们的笑声简短克制，持续的笑看起来很刻意。而在阿拉伯和南美国家，笑声则是无拘无束的爽朗，而且常常会结合丰富的手势。在撒哈拉以南的非洲地区，笑声要么是惊讶的表现，要么是不安的表现，要么是极度不适的表现。

眨眼之间

解读不同文化中的眼神绝非易事。一个人转移视线会有许多种可能的原因：离他人距离过近、自身地位较高、不安或内向，或者单纯是自身文化不习惯眼神直接接触。“他都不敢直视我的眼睛。”“请你说话的时候看着我。”这是我们文化中常见的两句话。在德国，积极的眼神交流是非常重要的沟通方式。根据凝视的时长、频率和方向差异，目光交流可以被赋予不同的意义。一个眼神就能让我们知道对方是感兴趣、诚恳、积极，还是虚伪、无聊、不专心。这些解释在其他国家和文化中可能截然不同。一个刚刚搬到印度的德国经理可能会把员工低垂的目光误读为不诚实或内疚。但他不知道从印度人的角度来看，这代表了对上级充分的尊重。

这个例子表明，眼神可能有着巨大的误读风险，尤其是眼神经常会被当作力量的象征。如在拉丁美洲的许多文化中，目光接触被视作缺乏尊重的表现。日本人也不愿直视他人的眼睛，他们更愿看对方的脖子。交谈时发生直接的目光接触会被判定为侵犯隐私，是不礼貌的行为。即使是在办公室里坐得很近的同事之间也有这个不言而喻的规矩，即不要看他人的眼睛，要尊重对方的私人空间。

在与俄罗斯伙伴合作时，坦率的眼神交流代表对谈话感兴趣。在巴西，商务会议若想顺利进行，必须频繁地进行眼神交流及肢体接触。

在中国，说话人会一直看着对方的眼睛，但是听话人不仅会避开对方的视线，甚至会完全不看说话人的脸。如果直勾勾地盯着对方，会显得具有威胁性和攻击性。

阿拉伯人习惯的眼神交流对欧洲人来说就过分密集了，会给人一种被看穿了的感觉。阿拉伯人不一定是想加强与对方的联系，他们只是基于“眼睛不会说话”的信条，希望从眼神中看出对方真实的想法和观点。这些面部表情也可能会导致其他误解。因此，阿拉伯文化中那些不想暴露自己内心深处感受的人会看向其他人，而不是自己的谈话对象。这也可能是很多人都在讲话时戴墨镜的原因。

特辑：各大洲最重要的商业规则

在国际舞台上展示风格越来越重要。为不同文化碰撞做准备是很有价值的，因为这是一种重视礼节和尊重的标志。除了精心准备外，洞察力、敏感度和好奇心是顺利与外国商业伙伴进行谈判或在国际团队中高效合作的重要前提。

准备事宜

◆ 机动一点：有很多介绍各国风俗、礼仪和行为的实用门户网站，还可以参加培训班、询问熟悉这个国家的同事或朋友。

◆ 保持开放的心态：谨记自己出身于不同的文化，行为习惯并不是全球通用的。请享受沉浸在另一个世界的乐趣，仔细观察，保持冷静。

◆ 改变视角：想一想自己的行为是如何影响对方的、能起到何种效果。如果有事情激怒了自己，先冷静下来，然后多了解一下。

◆ 适应：如果自己没有在这个国家长期生活过，会很难适应其生活习惯和肢体语言。对于他人同样如此。先从小的手势和礼节试起。这已经显示了极大的欣赏和尊重了。

重点注意事项

俄罗斯

◆ 请了解商业伙伴的名字。

◆ 双手插在口袋里是不礼貌的。

◆ 俄罗斯人常用迟到来考验合作伙伴的耐心（很重要！），而且不会为此道歉。

◆“最终报价”不一定是谈判的重点，谈得越久，机会越大。

◆ 对话直来直往，不说废话。

◆ 肢体接触很常见。

◆ 威望和地位的象征很重要。

◆ 始终强调自己的有利位置。

阿联酋

◆ 露出的皮肤越少越好，尤其对女性来说。

◆ 会议突然中断 15~20 分钟，进行日常祷告也是常有的事。

◆ 会议中提问越多的人越不重要，决策者通常保持沉默。

◆ 问好的方式有很多，最好先等主人发起问候。

◆ 不要露出鞋底或跷二郎腿。

◆ 不要送酒类礼品，酒心巧克力也不行。

◆“是”往往代表“也许”。

英国

◆ 注意着装要求！

◆ 务必守时，最好提前到。

◆ 通常初次见面才会握手，之后说一句“你好，很高兴见到你”就够了。

◆ 通常直接用名字称呼对方。

◆ 英国人决策所花费的时间较长，最好不要给对方施加压力。

◆ 如果还没有建立亲密的关系，请不要问私人问题。

◆ 他们的边界距离比较大，不习惯肢体接触。

◆ 英国人总是友好而礼貌，喜欢用充满魅力的方式描述负面消息。

◆ 共鸣能力和公平竞争都很重要。

美国

◆ 经常在吃饭时开会。

◆ 始终保持目光接触（握手、开会等）。

◆ 始终要加上“先生”“女士”“夫人”的称呼

◆ 行动和言辞通常都很活跃。

◆ 书面的感谢信往往比礼物更好。

◆ 笑声不断。

中国

◆ 握手不宜幅度过大，不要等对方先伸出手。

◆ 避免身体接触。

◆ 非常建议送礼物。

◆ 吃饭时：不要谈论生意；不要在主人动筷前吃饭，所有食物都要尝尝。

- ◆ 请双手递名片。
- ◆ 如果你用到中文词语，请一定注意正确的发音。

拉丁美洲

- ◆ 人与人之间边界距离较小，靠得很近。
- ◆ 身体接触很常见。
- ◆ 很多次见面之后可以拥抱。
- ◆ 人们永远不准时。
- ◆ 好客很重要。
- ◆ 商务会谈前要先闲聊。
- ◆ 请接受对方的邀请。

归结：关于跨国交流，最重要的十大秘诀

1. 少即是多！在熟练掌握肢体语言之前，最好先克制自己的动作。

2. 请保持友善！友善的面部表情永远不会错。

3. 做好功课！提前了解这个国家及其风土人情；越了解，在国际会谈上就越有信心。

4. 尊重无国界！每一种文化都应尊重对方。

5. 警惕示强手势！越是在难以评估的合作伙伴面前，越要谨慎使用示强手势。

6. 观察并模仿！不动声色地模仿对方的肢体语言，而后就能敏锐识别该国通用的信号。

7. 保持距离！不同国家习惯的个体边界距离不同。最好慢慢靠近，以免冒犯别人。

8. 表示感谢！做客人就该有客人的样子。向对方表达赞美和感谢的肢体语言、送适宜的礼物，都能建立国际贸易关系的良好开端。

9. 克制眼神交流！在很多文化中，过度的眼神交流是禁忌。在这方面应该提前做好调查。

10. 正确问好！为了打破僵局，请事先练习并掌握常用的问候语，效果会大大提升。

参考文献

[1] Amon, Ingrid: Die Macht der Stimme. Persölichkeit durch Klang,Volumen und Dynamik. Redline, München.

[2] Axtell, Roger E.: Gestures. The Do's and Taboos of Body Language around the World. Revised and expanded edition. Wiley,New York.

[3] Berndt, Jon Christoph: Die stäkste Marke sind Sie selbst! Schäfen Sie Ihr Profil mit Human Branding. Kösel, München.

[4] Berndt, Jon Christoph: Die stäkste Marke sind Sie selbst! Das Human Branding Praxisbuch. Kösel, München.

[5] Bonneau, Elisabeth: 300 Fragen zum guten Benehmen. Gräfe und Unzer,München.

[6] Bonneau, Elisabeth: Knigge für Individualisten. Für alle, die sich nicht verbiegen wollen. Gräfe und Unzer, München.

[7] Givens, David: Die Macht der Köpersprache. Menschen lesen im Beruf.Redline, München.

[8] Gschaider, Reingard; Shirley Seul: Charisma. Wie Sie mit mehr Ausdruck Eindruck machen. Gräfe und Unzer, München.

[9] Hofstede, Geert; Gerd Jan Hofstede: Lokales Denken, globales Handeln. Interkulturelle Zusammenarbeit und globales Management. dtv,München.

[10] Kinsey Goman, Carol: The Silent Language of Leaders. How Body Language Can Help –or Hurt–How You Lead. Jossey-Bass, Indianapolis.

[11] Kumbier, Dagmar; Friedemann Schulz von Thun: Interkulturelle Kommunikation.Methoden, Modelle, Beispiele. rororo, Reinbek.

[12] Lutterjohann, Martin: KulturSchock Japan. Rump, Bielefeld.

[13] Matschnig, Monika: Köpersprache. Verrerische Gesten und wirkungsvolle Signale. Gräfe und Unzer, München.

[14] Matschnig, Monika: Köpersprache der Liebe. Gräfe und Unzer,München.

[15] Molcho, Samy: Alles über Köpersprache. Sich selbst und andere besser verstehen. Mosaik, München.

[16] Navarro, Joe, Marvin Karlins: Menschen lesen. Ein FBI-Agent erklät,wie man Köpersprache entschlüsselt. mvg, München.

[17] Ning, Yu: The Chinese HEART in a Cognitive Perspective. Culture,Body and Language. De Gruyter, Berlin.

[18] Reiman, Tonya: The Power of Body Language. How to Succeed in Every Business and Social Encounter. Gallery Books, Mendocino.

[19] Rückle, Horst: Köpersprache im Verkauf. Redline, München.

[20] Seul, Shirley: Zeitmanagement für Faule. Gräfe und Unzer, München.

[21] Spies, Stefan: Der Gedanke lenkt den Köper. Köpersprache – Erfolgsstrategien eines Regisseurs. Hoffmann und Campe, Hamburg.

[22] Strittmatter, Kai: Gebrauchsanweisung für China. Piper, München.

[23] Topf, Cornelia: Köpersprache für Frauen. Sicher und selbstbewusst auftreten. Redline, München.